KB141150

행복하고 싶은 사람에게

행복
연습

幸福
練習

김주호 지음

자유정신사

행복
연습

행복하고 싶은 사람에게

행복
연습

幸福
練習

행복하고 싶은 사람에게

* 차례 *

1장. 행복한 나

내 마음속에서 행복한 나를 만드는 작은 연습

* 차례 *

2장. 행복한 나

사람들 속에서 행복한 나를 만드는 작은 연습

* 차례 *

2장. 행복한 나

사람들 속에서 행복한 나를 만드는 작은 연습

* 차례 *

3장. 행복한 꿈

세상 속에서 행복한 꿈을 만드는 작은 연습

* 차례 *

3장. 행복한 꿈

세상 속에서 행복한 꿈을 만드는 작은 연습

* 차례 *

4장. 행복한 삶

세월 속에서 행복한 삶을 만드는 작은 연습

* 차례 *

4장. 행복한 삶

세월 속에서 행복한 삶을 만드는 작은 연습

* 차례 *

4장. 행복한 삶

세월 속에서 행복한 삶을 만드는 작은 연습

행복하고 싶은 사람에게

행복은 자존감, 용기, 명예, 자유, 도덕, 종교 그리고 아름다움조차도 향하는 곳이다. 사람의 모든 정신이 향하는 곳, 하지만 너무 평범하고 시시하여 탁월한 지식인은 말하기 꺼리는 곳이다. 그런데 어쩌겠는가, 사실이 그러한데.

이렇게 행복은 모두가 원하지만, 그곳에 가는 길은 험난하다. 부자도, 권력이 있어도, 명예가 있어도, 소박해도, 학식이 있어도 별 소용없다.

행복하기 위해서는 시간이 필요하다. 행복은 마음, 사람, 세상, 세월 속에서 행복한 나, 꿈 그리고 삶을 차분히 만들어 가는 오랜 작업이다. 이처럼 행복은 고색의 깊은 지혜이다. 나를 알아야 하며 의지를 조절해야 하고 인식을 키워나가야 한다.

행복하기 위해서는 연습이 필요하다. 알기만 해서는 모르는 것과 다를 바 없다. 어느 날 아침 갑자기 그곳에 도달할 수는 없겠지만 연습이 조금씩 모이면 어느 따뜻한 오후, 그곳이 어렴풋이 보임은 분명히 말할 수 있다. 행복은 배우고 익히는 자의 것이다.

김주호

행복
연습

1장. 내 마음속에서 행복한 나를 만드는 작은 연습

마음속에서 아직 싹트지 않은 행복한 나를 만들어주는 60가지 연습이다. 우리는 행복해질 수 있다. "명예를 위해 살면 사람들에게 인정받을 것이고, 명예롭게 살면 자신에게 인정받을 것이다." "별을 쳐다보는 순수한 자의 맑은 눈동자가 그립다. 아이들이 그렇듯이 순수는 행복의 조건이다."(p15) 조금씩 연습하면 행복은 그렇게 먼 곳에 있지 않다. 내가 나를 만드는 것은 분명한 일이다. 행복한 나도 만들 수 있다.

행복하고 싶은 사람에게

1
명예 연습

명예를 위해 살지 말고

명예롭게 살라.

2
순수함 연습

별을 쳐다보는 순수한 자의

맑은 눈동자가 그립다.

아이들이 그렇듯이

순수는 행복의 조건이다.

3

매력 연습

단 하나뿐인 것은

아름답지도 추하지도 않다.

4

어둠을 피하는 연습

어둠 속에서 어둠을 피할 수는 없다.

어둠을 피하는 가장 어려운 방법은 태양을 쫓는 것이다.

그런데 대부분 그 방법을 택하고

결국 지쳐 쓰러진다.

행복을 서둘러 쫓으면 비슷한 운명이 된다.

5

배우고 익히는 연습

진리를 가르치는 것
그것은 사람의 일이 아니다.
스스로 깨우치지 않은 진리로는 절대 행복할 수 없다.

6

진실 연습

태양이 떠오르면
밤사이 생각한 것만큼 그렇게
감출 수 있는 것이 많지 않다.
아무것도 속이지 말라.

7

자기 만들기 연습

다른 사람 옷은 그것이 아무리 좋아도

빌려 입지 않는 것이 좋다.

크기와 색이 나에게 맞지 않아 어색하다.

8

고귀함 연습

우아한 연기를 하는 배우를

우아하다고 생각하지는 않는다.

9

어제 연습

우리는

어제 목표로 정한 것을 이루기 위해

오늘을 살아간다.

행복하지 않아도 어제의 일이다.

10

굳건함 연습

어지럽지 않으려면

흔들리지 않는 대지가 필요하다.

바다 위에서는 아무리 배의 바닥을 견고히 해도 소용없다.

행복은 천천히 튼튼하게 만들어가야 한다.

11
숭고함 연습

인문학은 인간에 대한 학문이고
철학은 인간을 위한 학문이다.
아무리 미천해도
사람을 위한 일을 하면 그는 이미 위대한 철학자이다.

12
목표 연습

죽음의 순간에 도움이 되는 것을
삶의 목표로 우선하는 것이 좋다.
지금 비참하고 미천하다 해도
오래지 않아 모두 같아진다.
행복이 죽음의 순간, 최대가 되도록 목표하라.

13

행동 연습

생각이 모여 삶이 되는 것이 아니라

행동이 모여 삶이 되는 것이다.

행복도 마찬가지.

14

창작 연습

인간의 역사가 지속되려면

태초에 신이 창조했던 것과

크게 다르지 않은 창조가 지속되어야 한다.

행복의 조건은 자기 창조이다.

15

자존 연습

억압과 다툼을

'권력과 민중' 사이의 문제라고 생각하면 오산이다.

그 근원은

'힘 있는 자와 힘없는 자' 사이의 문제이다.

문제의 근원이 자존감으로 무장한 '나'일 수 있다.

자존감이 거만함이 되지 않도록 주의하라.

16

무심 연습

현시대에는

말을 하지 않는 것도 중요하지만

귀를 막고 다니는 것도 중요한 일이다.

행복은 돌아다니는 지식과는 전혀 무관하다.

17

기만하지 않는 연습

다른 사람을 다 속여도

나 자신을 속일 수는 없다.

보통 그것을 알아채는 "나"는 조금 늦게 등장한다.

물론 의도적이다.

행복해 보이려 하지 말라. 행복한 것과는 다른 이야기다.

18

과거 연습

미래를 창조하는가

현재를 창조하는가

행복한 자는 과거를 창조한다.

보잘것없던 과거도 현재에 의해 재탄생한다.

19

배우 연습

우리 삶 속

예정된 극본은 보통 엉터리이고

삼류 작가가 써 놓은 대본이 대부분이다.

더욱이, 극본을 따르는 배우는

감독과 관객이 원하는 대로

하지 않을 수 없다.

행복하려면 이제 무대를 내려와라.

20

설득 연습

자기 생각이

다수로부터 지지를 받지 못한다면

진리로부터 멀어져 있다고 보면 된다.

행복은 일정 부분 다른 사람의 인정이 필요하다.

21

자기 세계 연습

신이 세상을 창조했던 것과 똑같이

우리는 매일 아침

자신의 세계를 창조한다.

자기만의 세상을 만들어 가는 것, 그것이 행복이다.

22

개별 진리 연습

진리는 창조하는 것이 아니라 발견하는 것이다.

내가 진리를 만든 것도 아닌데

그것을 찾았다고 너무 자랑할 것 없다.

자신의 자랑스러운 지혜도 타인에게는 별 쓸모가 없다.

23

겸허 연습

과다한 지식은 겸손을 갉아먹어

진리의 길에 울타리를 높게 세운다.

겸손치 않으면

지나가는 가을바람도 그를 외면할 것이다.

겸손하면 최소한 불행하지는 않다.

24

학자 연습

학자인 척하는 자에게

존경할만한 것은

그의 기억력뿐이다.

지식만으로는 도저히 행복할 수 없다.

25

교제 연습

교제술에 능숙하려면

자신에게 나태해지지 않을 수 없다.

사람과의 관계는 중요하다.

하지만 그것을 너무 중시하면 얻는 것보다 잃는 것이 더 많아진다.

주객이 전도되지 않도록 주의하라.

행복은 내가 만드는 것이고 타인은 단지 도울 뿐이다.

26

평온함 연습

삶에

편안함이 깃들게 하지 말라.

편안함은 마음으로 충분하다.

✻ 내 마음속에서 행복한 나를 만드는 작은 연습 27

탁월함 연습

누군가를 교육하려면

그들을 압도하는 뛰어남이 필요하다.

사람들은 이들을 좋아하지 않는다.

주위에 교육자가 적은 이유이다.

탁월한 교육자가 줄어들면 행복도 줄어든다.

다름 연습

군중 속 자아 상실자는

겉으로는 누군가의 다름을 인정하지만

속으로는 그들을 어떻게 동화시킬지를 궁리한다.

그의 특징은 다수를 따르는 자신에 대하여

의외로 자존심이 강하다는 것이다.

다수에 속하는 것이 행복의 조건은 절대 아니다.

29

유연함 연습

고정된 자기주장은 만들지 않는 것이 좋다.
세상이 모두 적군뿐이고
상대하여 항복시켜야 하기 때문이다.

30

자기철학 연습

암기하려면 철학은 공부하지 말라.
우스운 생각의 소유자가 될 뿐이다.
잘못된 자기철학은 행복을 차버린다.

31

방향(芳香) 연습

향나무로 만든

사자와 여우는

그 향이 다르지 않다.

행복은 향과 같다. 모습은 상관 없다.

32

숙독 연습

올바른 독서는

그의 책이 아니라

그의 행복을 읽는 것이다.

33

제3의 탄생 연습

제3의 탄생을 위하여

나아가라. 그대,

거칠고 험한 바람 부는 곳으로.

내가 있어야 행복하든 말든 할 것 아닌가!

34

확고함 연습

억새는

느슨하게 잡으면

손을 베인다.

'확실히'는 행복의 조건, '적당히'는 불행의 조건이다.

35

겸손 연습

다른 사람들에 대한 자신의 우월감이

오랫동안 지속되면

자신을 아직 어리다고 생각하면 된다.

우월함은 오래갈 수 없어 행복의 조건은 아니다.

36

자기 형상화 연습

아름다움을 찾아

사람들이 자신의 시간을 잃어버릴 때

그들은 자신 속 흙과 바람으로

아름다움을 형상화한다.

37
독서 연습

많은 사람이 읽는다고 따라 읽을 필요는 없다.
단, 30년이 지나도 사람들이 읽고 있는 책은
정독하는 것이 좋다.
책의 가치는 행복을 주는 기간에 비례한다.

38
동화 연습

운율, 정서, 호흡과 자연스럽게 동화되지 않는
고상한 단어의 조합이 시로 둔갑하면
그 시는 거짓말을 하고 있는 것이다.
행복도 마찬가지.

39

용기 연습

지금 혹시 푸줏간 앞, 개 신세는 아닌가?

고기와 뼛조각은 먹고 싶지만

주인의 매 때문에 접근할 수 없으니.

두려움에 참고 있는 것은 행복에 최악이다.

40

청빈 연습

단정하게 입고

소박하게 먹고

편안히 쉴 작은 공간이 있다면

그것으로 충분하다.

41

가난 연습

풍요에 겨운 '게으르고 살찐 부자'를 꿈꾸지 말라.

정말 그렇게 될 것이다.

세상 몇 가지 중요한 유익 중 하나가

가난이다.

42

견지(堅持) 연습

하루에 하나씩 진리를 깨달아도

깨달음엔 끝이 없다.

사람은 아침마다 다시 어리석어진다.

43

먼 꿈 연습

5년 후를 꿈꿀 때, 그 꿈은 저 산 너머였고

10년 후 꿈에 젖었을 때, 그 꿈은 저 하늘 너머였다.

그런데 30년 후를 꿈꾸면, 여기 있는 이 모습 아닌가?

44

명랑함 연습

쾌활함은 나를 드러나게 하고

명랑함은 나를 가라앉힌다.

쾌활함을 타인을, 명랑함은 나를 먼저 고려한다.

45

젊음 연습

모든 생명체의 젊음에는

미래를 책임지는 고유한 의무가 있다.

자신, 가족, 민족, 인류를 책임지려는 자만이 '젊은 자'이다.

행복은 '젊은 자'의 특권이다.

46

공평 연습

손해 보지 않는 듯한 평등은 없다.

평등적 자유가 아니면

그곳에는 악취가 난다.

나만 행복한 세상은 절대 없다.

47

자유 연습

자유는

'소극적 자유'와 '적극적 자유'가 있다.

소극적 자유는 일로부터의 자유를

적극적 자유는 세상으로부터의 자유를 요구한다.

그 선택에 따라 노예도 왕도 될 수 있다.

48

쟁취 연습

투쟁과 행동 없는 자유는

12살 소년도 불가함을 이미 알고 있다.

행복은 타인이 보증하지 않는다.

49

가라앉힘 연습

나를 가라앉혀야 타인이 보이고

타인이 보여야 세상이 보이며

세상이 보여야 행복이 보인다.

50

냉철함 연습

개에게 먹이를 던지면 먹이를 쫓고

사자에게 먹이를 던지면 그자를 덮친다.

개는 조롱거리이고 사자는 굶어 죽는다.

행복은 비굴함도 용맹스러움도 아닌 냉철함이다.

51

강함 연습

사람을 자기편으로 하려면

약함을 보여서는 안 된다.

그들이 따르는 자는

모두를 지켜 줄 강자이다.

52

수용 연습

강함과 수용력은 비례한다.

타인을 수용하려면

충분한 공간이 있어야 비로소 가능하다.

자신을 더 키우라.

53

호감 연습

지나치게 사람의 호감을 사려는

모습이나 행동은

호감을 얻는 대신 신뢰를 잃는다.

54

가르침 연습

누군가 하얀 머리카락이 보이기 전에

자기 생각을 자신 있게 가르친다면

그것은 대부분 거짓이다.

그때쯤 비로소 행복을 알게 되기 때문이다.

55

고독 연습

행복을 위한 진리를 찾으려는 자는

사람들과 이야기할 시간이 그렇게 많지 않다.

위대한 정신의 '고독과 침묵'의 이유이다.

행복은 도무지 없는 곳이 없다.

56

타인 행복 연습

자기는 열심히 말하고 있다고 생각하지만

상대가 듣고 싶은 말을 하지 않으면

그에게는 대부분 소음일 뿐이다.

자기보다는 상대를 행복하게 해주기 쉬우니

서로 그러면 세상은 행복해질 것이다.

행복의 조건이다.

57

죽음 연습

지혜로운 자는

뜨거운 일상, 생의 한가운데서

죽음으로 아무것도 잃지 않도록 오늘을 준비한다.

58

평온함 연습

씨 뿌리는 자의 마음이

평화로운 것은

해야 할 일이 결정되었기 때문이다.

59
사람을 목적하는 연습

저편 호숫가에서 걷고 있는

인간의 아름다움으로

우리는 사람의 행복을 목적하지 않을 수 없다.

60
무질서적 다양함 연습

초라하지 않으려면

누군가에게 간파당하지 않아야 한다.

그러려면 자신을 끊임없이 변화시키지 않으면 안 된다.

따분한 책에서 가르치는 일관성의 미덕은

쓰레기통에나 버려라.

행복하고 싶은 사람에게

행복
연습

2장. 사람들 속에서 행복한 나를 만드는 작은 연습

사람들 사이에서 샘물처럼 솟는 142가지 행복 연습이다. 우리는 행
복할 수 있다. "내 생각이 틀리지 않다고 너무 믿는 것은 어리석음
아니면 오만함, 둘 중 하나이다. 어느 쪽이든 행복하기는 어렵다."
"함께 휴식할 수 있는 자를 만나는 것은 굉장한 행운이다. 휴식은
행복의 조건이다."(p46) 몇 가지 연습만으로도 조금은 행복할 수 있
다. 이렇게 사람들 속에서 만드는 하루하루의 행복 연습은 당신을
어느새 행복한 사람으로 바꿀 것이다.

61

오류 연습

내 생각이 틀리지 않다고 너무 믿는 것은

어리석음 아니면 오만함

둘 중 하나이다.

어느 쪽이든 행복하기는 어렵다.

62

휴식 연습

함께 휴식할 수 있는 자를 만나는 것은

굉장한 행운이다.

함께 휴식할 수 있는 책을 만나는 것도

못지않은 행운이다.

휴식은 행복의 조건이다.

63

시간 모우기 연습

우리가 즐겁고 여유로운 것은

아직 추억을 만들 시간이 있기 때문이다.

우리가 모아야 할 것은

돈이 아니라 시간이다.

64

단념 연습

옳고 그름의 판단은

신의 영역이지 인간의 영역이 아니다.

자기가 옳다고 너무 주장하면

신이 화를 낸다.

65

돌아보기 연습

거의 예외 없이

'내가 열망했던 것이 겨우 그것인가'라고

한숨짓는 것을 수없이 보아왔다.

사람은 기억력이 좋지 않은 것이 틀림없다.

자신이 행복을 향해 가고 있는지 자꾸 돌아보라.

66

수정 연습

내가 생각하는 것이 틀릴 확률은

맞을 확률보다 훨씬 높다.

나와 수많은 타인의 생각이 모두 다르기 때문이다.

자기 생각이 맞을 확률이 더 높다고 자꾸 생각한다면

아직 공부가 부족한 증거이다.

타인의 생각이 대부분 괜찮아 보이면 행복에 가까운 증거이다.

67

변화 연습

가장 어리석은 일 중 하나는

자기가 만든 원칙에 스스로 구속되는 것이다.

이는 이유 없이 땅에 금을 그어 놓고

거기를 넘지 않겠다고 하는 것과 다를 바 없다.

68

단순함 연습

산은 산이고 물은 물이다.

바람은 바람이고 비는 비이다.

공연히 심오한 의미를 찾으려 애쓸 것 없다.

행복의 조건이다.

69
정리 연습

도서관 서고 속 책에는 사람들이 발견한 보물로 가득하다.

그런데 책을 너무 많이 읽으면 보물이 너무 많아

보관해둘 곳이 마땅치 않다.

작더라도 정연히 정리된 창고가 생활에 더 유용하다.

70
평온함 연습

평온한 죽음을 목표로 하는가?

평온한 삶을 목표로 하라.

죽음도 아직 삶이다.

71
기다림 연습

즐거운 여름밤 서늘한 바람이
알려주는 것들도 적지 않다.
바람이 고요해도 때가 되면
꽃잎은 떨어지리니.
기다림은 행복의 조건이다.

72
자유 연습

삶은
억압을 만들어내는 자와 그것을 해방하는 자의
투쟁의 역사이다.
행복은 항상 해방자의 편이다.

73

또 다른 탄생 연습

조용히 시원하고 향기로운 공기를 느낄 수 있는 '고독'과

태양이 그를 불태우는듯한 '열망'은

사람을 또 다른 존재로 탄생시킨다.

74

냉철한 분노 연습

부조리한 억압에 대항하기 위한 냉철한 투쟁은

내가 약자라면 강하게 만들고

강자라면 고귀하게 만들 것이다.

행복의 조건이다.

75

타인을 위한 연습

이 모든 일이

타인을 위한 것인 줄 알았는데

사실 나를 위한 것이었다.

그런데 그것도 오해였다.

누군가를 위한 일이라는 그 생각마저 없는 것.

행복의 조건이다.

76

감동 주기 연습

큰 바위는 거의 변하지 않는다.

사람의 마음도 그에 못지않다.

타인의 마음을 움직이려면 감동적인 노력이 필요하다.

행복은 감동과 친구이다.

77

존중 연습

자신을 성장시키는 방법은

다른 사람의 생각을

나와 다른 것이 아니라 내 생각의 일부로 느끼는 것이다.

자연스럽게 다른 사람을 존중하게 된다.

78

길 찾기 연습

다른 사람의 생각을 수용하기 시작하면

지혜는 급격히 증가한다.

그런데 지혜의 숲속에서 길을 잃지 않기란 쉽지 않다.

너무 많은 독서는 좋지 않다.

지혜는 양이 아니라 질이 훨씬 중요하다.

79

나 찾기 연습

나를 위해서 나를 찾으면

나를 찾으나 찾지 못하나

별 차이 없다.

80

나 만들기 연습

생각은 나를 만드는 나무를 준비하는 것이고

행위는 나를 조각하는 것이다.

조각되기 전에는 무엇인지 알 수 없다.

81

바라지 않음 연습

산속 시냇물 소리는 편안한 데

사람과 있으면 그렇지 않다.

시냇물에는 아무것도 바라지 않지만

사람에게는 그럴 수 없다.

행복의 조건이다.

82

변함없음 연습

살아서 변함없는 내가 있다면

죽어서도 변함없을 것이다.

나는 그것을 위해 살겠다.

83

물러섬 연습

모두가 자존감으로 무장되어

자기만 위해 달라 아우성이다.

자존감 작은 선인(善人)이 양보하니

선인일수록 가난해진다.

하지만 행복은 그의 것이다.

행복의 조건은 타인의 자존에 대한 인정이다.

84

자기창조 연습

어느 여름에서 가을까지

숲과 하늘, 구름, 땅, 바람 그리고 노을의 운율 속에서

한 대상이 창조된다.

행복의 조건과 아주 닮았다.

85
자유 주기 연습

진리는 최대 다수에게 최대 자유를 부여한다.

철학을 몰라도 그런 삶을 산다면

그는 이미 위대한 철학자이다.

진리를 알고 행하나 모르고 행하나 결과는 그렇게 다르지 않다.

행복을 위해 살면 고달프고

행복하게 살면 행복하다.

86
나눔 연습

행복을 나누라고 하지만

지금 나도 행복하기 어렵지 않은가?

그럼에도 나누려는 마음이 생기지 않으면

행복하기는 더 어렵다.

행복의 엄격한 조건이다.

87

두려워하지 않는 연습

명랑해도 된다.

무더운 여름밤 어깨를 스치는 서늘한 바람을 느낄 수 있으면.

두려워하지 않아도 된다.

지금 숨 쉴 수 있으면.

행복이 불가능한 때란 없다.

88

세상을 바꾸는 연습

고독한가, 암울한가?

나를 바꾸겠는가, 세상을 바꾸겠는가?

세상을 바꾸는 것은

의외로 간단해서

내 주위 열 사람으로 충분하다.

89

여유로움 연습

그는 토요일 해가 드는 오후
문득 한가함이 느껴지면 잠시 나를 찾아온다.
그는 나와 이야기하고 싶어 하는데
나는 항상 다른 친구를 찾는다.

90

현명하지 않음 연습

현명해지려 그리고 현명함을 드러내려
너무 애쓸 것 없다.
내가 없어도 물은 흐르고 꽃은 핀다.
현명함도 어리석음도 개인의 취향일 뿐이다.

91

어리석음 연습

'현명치 않은 삶의 자유로움'이

눈물 나도록 그리울 때가

그리 멀지 않다.

92

무향 연습

너무 향기로운 물은

향수로밖에 쓸 일이 없다.

93

오감 연습

그림 아무리 봐도 소용없다.

산속을 거닐어야

산을 느낄 수 있다.

94

고개 숙이는 연습

지혜의 정원에 가고 싶은가?

고개 숙여 '겸손의 문'을 지나는 수고를 하면

연녹색의 눈부신 정원이 펼쳐져 있을 것이다.

그 문을 지나는 사람이 별로 없긴 하지만.

95

깊음 연습

바다는

바람이 일어도

걱정하지 않는다.

96

탓하지 않음 연습

아주 특별한 경우를 제외하고는

우리가 그들을 악하게 한 것이며

우리가 그들을 선하게 한 것이다.

97

사람을 움직이는 연습

생각은 잊혀지고 행동은 영원하다.

생각은 머뭇거리고 행동은 결정한다,

생각은 나를 움직이고 행동은 사람을 움직인다.

98

나를 보는 연습

내가 나를 보지 못하는 이유는

다른 이들을 보느라

나를 볼 시간이 없기 때문이다.

99

옅게 화장하는 연습

내가 나를 보지 못 하는 이유는

다른 이들에게 잘 보이려

나를 너무 치장하기 때문이다.

화장이 너무 두껍다.

100

다투지 않는 연습

다툼은 상대에 기인하는 것이 아니다.

모르는 척할 뿐이지

알고 있지 않은가?

101

낮은 곳에 위치하는 연습

자신이 사람들보다 우월해 보이면

행복과 멀어진 것이다.

행복은 가장 낮은 곳에 있기 때문이다.

102

불평하지 않는 연습

내가 변해 놓고 상대가 변했다고 불평한다.

변하지 않을 수 있다면 시간마저 멈출 것이다.

우리는 항상 변화한다. 마치 저 산처럼.

103

너그러움 연습

너그러운 자는 만나기 어렵다.

혹시 그런 이를 만나면 놓치지 말 일이다.

너그러워지면 오래지 않아 숨어 있던 행복이 나타난다.

104

자유를 주는 연습

내 주위 열 사람만 자유로우면

이 세상 모두가 자유롭다.

행복이 그들 뒤에 살짝 숨어 있다.

105

달을 보는 연습

연못을 비추는 달을 잡으려고

뛰어들지는 말라.

달은 보는 것이지 손에 쥐는 것이 아니다.

행복의 기술이다.

106

강함 연습

자신을 강하다고 생각하는가?

악(惡)해지지는 말라.

107

눈을 뜨는 연습

누군가 끝까지 인도해 주기를 바라는 것은

눈을 감고 있겠다는 것이다.

눈을 감고서는 자유로울 수 없다.

108

독립 연습

신에 의지하지 말고

신이 당신을 따르도록 하라.

그것이 신이 바라는 바이다.

109

멀리 보는 연습

물은 끊임없이 낮은 곳을 향한다.

그렇다고 바다가 목적지라고 생각하면 곤란하다.

눈앞의 목적은 행복을 망가뜨린다.

110

나를 바꾸는 연습

세상을 바꾸는 것은 불가능하다.

그런데 나를 바꾸면

세상은 새벽 아침과 함께 어느새 바뀌어 있다.

111

무아 연습

행복을 찾아 나에게 좋은 것을 염두에 둔다면

빨리 그만두는 것이 좋다.

점점 더 멀어질 것이다.

112

개별 의지 연습

행복은 매우 개별적이다.

그것은 사람 수 만큼 존재하는데

사람으로부터 출발하기 때문이다.

113

소탈함 연습

소박한 곡식이 창고 가득 있는데 맛있는 것을 찾아 나선다.

기름진 것을 찾아 헤매다

결국 소박한 음식을 다시 찾는다.

행복은 소박함이다.

114

다르지 않음 연습

당신이 찾는 행복과 내가 찾는 행복이

다르지 않다는 것을 알 수 있다면

절대 서로 다투지 않을 것이다.

115

동질감 연습

황폐함과 충만함은

자신과 타인을 얼마나 구분하는지에 달려 있다.

구분하면 서로 가시요

아니면 함께 열매이다.

116

멈추지 않는 연습

아무 일도 하지 않는 것은

휴식이 아니라 죽음이다.

굳이 죽음을 목표로 할 건 없다.

일은 행복의 조건이다.

117

선한 강자 연습

진리는 약자 편이지만
먼저 교육받아야 할 자들은 강자이다.
항상 그들이 문제를 일으키기 때문이다.
행복의 방해꾼은 의외로 탁월한 자가 많다.

118

행동 연습

행동은 다른 이들뿐 아니라 나 자신도 설득한다.
행동까지 이어지지 않으면
그것은 내가 정말 원하는 것은 아니다.

119

한가로움 연습

태양이 비주고 있는 늦가을 따뜻한 햇볕 아래

오후 시간의 한가로움은

모든 것을 회복시킨다.

120

독창성 연습

흉내 내는 자로부터는

기분 나쁜 음울함이 느껴진다.

함부로 흉내 내어서는 안 된다.

121

감성 연습

행복이 머무는 곳으로

이성과 감성 중

한 곳만 선택해야 한다면

감성을 선택하는 것이 좋다.

행복은 변화와 우연을 특성으로 하기 때문이다.

122

자기 통합 연습

행복은

산과 같아서

정의되어 기술되는 순간

부분적이고 제한적 사실로 전락한다.

아무리 위대한 정신도 그것을 알려줄 수 없는 이유이다.

매일 아침을 얻는 연습

매일 같은 길을 걸어도
같은 것은 하나도 없다.
어제의 행복은 아무 쓸모 없다.

따라 하지 않는 연습

일견 멋있어 보여도
모방은 결국 아류이고 촌스럽다.
못 알아볼 거라는 기대는 하지 말라.

125

정진 연습

배가 고프면 먹어야 한다.

보기만 해서는 소용없다.

행복을 찾아가려면 한 걸음 한 걸음 걸어야 한다.

생각만으로는 도저히 도달할 수 없다.

126

공평 연습

여름 뜨거운 태양과 겨울 차가운 바람에

당신과 나는 별로 다르지 않다.

당신이 나를 아무리 하찮게 보더라도.

127

선구자 연습

한 선구적 삶이

고요한 침묵 속에서

세상 모든 행동을 바꾼다.

그리고 그것이 세상을 유지케 한다.

128

행복을 주는 연습

오늘, 주위 사람을 행복하게 하라.

내일, 그들이 나를 행복하게 해줄 것이다.

129

기다림 연습

어둠 속에서 어둠을 피해 달아날 수 없다.

침착히 그리고 조용히

아침을 기다리는 것이 좋다.

130

인지 연습

행복을 찾는다는 것은 태양이 떠오르는 것과 같다.

어둠 속의 것이 드디어 드러난다.

이때, 어둠 속에 없던 것이 새로 생기는 것은 아니다.

그렇다면 아직 어둠 속에 있다 해도

걱정할 것 없지 않은가?

131

의지(意志) 연습

진리와 행복을 찾으려 하면 모든 것이 도와줄 것이다.

그런데도 찾지 못하는 이유는

사실은 찾으려 하지 않기 때문이다.

132

숭고함 연습

숭고한 자를 모방하는 것과

숭고한 자가 되는 것은 다른 일이다.

모방하지 말라.

그것이 신이라 하더라도.

133
감내 연습

행복에 가까울수록 동요와 의심은 커진다.

태양에 가까울수록 뜨거워지는 것과 같다.

고난의 시기가 다가오면 행복이 가깝다.

134
회귀 인식 연습

아주 어리석지만 않다면

추운 겨울을 견딘 자는

계절의 변화를 이해한다.

135

구별 연습

한가로움과 여유로움과 나태함

이것을 구분할 수 있으면 나태함은 별문제 될 것 없다.

한가함은 일이 적어서, 여유는 일이 있어도, 나태는 일해야 해도

그러한 것이다.

나태를 변명 말라. 해야 할 것은 해야 한다.

136

방향 연습

행복을 향해 가려는데 그로부터 도망가고 있다.

반대로 가면서 투덜거린다.

그것이 어디 있는지 잘 모르기 때문이다.

무조건 가는 것은 현명하지 않다.

깊은 독서와 교육이 필요한 이유이다.

137

평가 연습

사람들이 혼란스러운 이유는

무지한 자들이

자꾸 삶을 이끌어가기 때문이다.

138

멈춤 연습

더 풍요롭고 편리한 세상을 위한 전진은

이제 멈추는 것이 좋다.

행복은 그것을 원하지 않는다.

그것을 원하는 자는 어리석은 자본가뿐이다.

139

순서 연습

있는 것을 우선 보고

그 다음, 없는 것을 본다.

이 순서만 지켜도 세상은 꽤 살 만하다.

140

서두르지 않는 연습

서두르지만 않는다면

조금 부족한 삶도 나쁘지만은 않다.

눈앞의 광경이 따분하지 않기 때문이다.

어차피 목적지는 예외 없이 동일하다.

141

드러냄 연습

우리는 가장하지 않는 것이 좋다.

처음은 사람들의 호감을 얻을 수 있으나

두 번째는 조롱거리로 전락한다.

142

판단 연습

가짜 진리로는 행복에 다가서지 못한다.

위장된 진리를 구분하는 방법은

단지 세 사람의 동의를 구해 보면 된다,

143

시인 연습

행복을 가지기 위한 첫 번째 단계는

자신이 가지지 못한 것에 대한 솔직하고 담대한 인정이다.

그럼 자기가 가진 것들이 모습을 드러낸다.

144

자전거 연습

자전거를 타기 위해서도 시간과 노력이 필요하고

아름다운 피아노곡을 연주하기 위해서도 마찬가지이다.

행복은 말할 것도 없다.

145

믿음 연습

신이 인간을 포함한 모든 것을 창조한 것은 틀림없다.

그러나 그 후 아무것도 하지 않았다.

사람을 믿기 때문이다.

행복쯤 문제없다.

146

신뢰 연습

우리는

아무것도 요구하지 않는 자만 신뢰할 수 있다.

신도 예외는 아니다.

147

적은 욕심 연습

신은 두 번 죽었다.

첫 번째는 악한 자 소수에 의해서였고

두 번째는 선한 자 다수에 의해서였다.

사람은 너무 많은 것을 바란다.

148

너그러움 연습

바람이

동쪽으로 불거나 서쪽으로 불거나

우리는 별로 불만이 없다.

작은 것을 웃어넘기면 행복이 바로 눈앞이다.

149

이행 연습

꿈속에서는

아무리 먹어도 배부르지 않고

요리책은

아무리 보아도 배부르지 않다,

150

겸허 연습

지식 자랑은

스무 살 청년 시절로 충분하다.

그 후 자랑할 것은

아무것도 없다.

행복과 오만은 먼 친척도 아니다.

151

기세 연습

진리를 안다고 달라질 것은 아무것도 없다.

삶을 두려워하지 않는 것으로

그 가치는 충분하다.

진리를 몰라도 행복하면 두렵지 않다.

행복을 죽음보다 강렬하게 하라.

152

작은 깨우침 연습

계절을 모르는 자가 겨울을 절망으로 보낼 때

그것을 아는 자는 봄을 준비한다.

153

흘려 보내는 연습

물은 계속 흘러가는데

산속 계곡은 그대로이다.

진리와 행복도 계곡을 많이 닮았다.

154

진실 연습

알고 있어도 행하지 않음은

모르는 것과 다르지 않으니

하지도 않으면서 안다고 하는 것은

스스로 거짓말쟁이임을 실토하는 것이다.

155

편한 마음 연습

마침내 행복을 발견한 자가

마음 편해지는 것이 아니라

마음 편해지려 노력하는 자가

행복에 다가서는 것이다.

156

득실 연습

행복을 찾기 위해

행복을 잃어버리지는 않는가.

얻는 것과 잃는 것이 비슷하면

찾지 않는 것이 현명한 일이다.

157

욕심 줄이기 연습

사람들이 원하는 '세상의 것'도 구하고

행복도 찾으려 하는 것은

지나친 욕심이다.

158

진실 연습

우리가 알아야 할 것은

사람들보다 뛰어나게 되는 법이 아니라

사람들과 함께 즐거워하는 법이다.

159

알기 위한 연습

알지 못하는 것은
알지 못한다는 것을
알지 못하기 때문이다.

160

걱정하지 않는 연습

우리가 걱정하는 것 대부분은
다른 이들에게 보이는 자신에 대한 것이다.
자기를 별로 걱정해 주지 않는 사람들을 위해서
우리는 항상 걱정이다.
자신을 걱정하는 사람을 우선 걱정하라.

161

마음에 두지 않는 연습

행복한 진리를 향하는 자는

다른 이들을 그렇게 오랫동안 볼 시간이 없어

그들과 다투지 않는다.

이것만으로도 세상 문제는 대부분 해결된다.

162

거절 연습

아무것도 필요 없는 곳, 무욕의 땅

우리는 이것을 원하는 데

욕심 많은 자들이 내버려 두지 않는다.

163

외로움 연습

외로움은

외롭지 않게 해줄 시간을 제공한다.

자신을 향상시키는 것은

보통, 혼자 있을 때이다.

164

받아들이는 연습

보통 사람은 이미 즐거운 삶의 진리를 어느 정도 알고 있다.

정작 그 진리를 교육 받아야 할 사람은

스스로 탁월하다고 생각하는

욕심 많고 어리석은 뛰어난 소수이다.

탁월한 자가 행복하기 어려운 것은

자기가 여러 곳에서 그런 것으로 오해하기 때문이다.

165

여행 연습

목마름이

행복한 진리를 알려 주는 것과

두꺼운 책 속 철학이 알려주는 것은 다르지 않다.

가난한 농부와 저명한 학자의 삶이 크게 다르지 않은 이유이다.

목마를 때는

프랑스 와인이 아니라

무미의 시원한 물로써 충분하다.

행복은 꼭 필요한 것들만 들어있는 여행 가방이다.

166

연민 연습

죽음을 선고받은 자의 첫 번째 생각은

'나'에 대한 연민이다.

그때부터 그는 전과 다른 것을 원하기 시작한다.

행복의 비밀 열쇠이다.

167

실체를 알기 위한 연습

우리는 이미 죽음을 선고받았다.

위대한 철학자는 항상 그 이야기를 하는데

사람들은 별 반응이 없다.

죽음의 선고 면에서는

의사가 철학자보다 권위가 있어 보인다.

죽기 며칠 전 바라는 것은 보잘것없는 것이 대부분이다.

하지만 그것이 행복의 실체이다,

168

예비 연습

배움을 위한 준비에만도

많은 시간이 필요하다.

행복을 위한 진리를 쉽게 얻지 못하는 이유이다.

169

성숙 연습

미숙한 사람의 두 가지 특징은

다른 사람을 쉽게 비판한다는 것과

중요한 것과 그렇지 않은 것을 구분하지 못하고 비판한다는 것이다.

170

고귀함 연습

위대한 정신은

진리에 대한 질문에 답해주는 자가 아니라

진리에 대한 질문을 떠올리게 하는 자이다.

171

자숙 연습

위대한 철학자나 그의 책이
자신의 질문에 답하지 않는다면
그것은 자신이 아직 그 답을 받을 만한
준비가 되지 않았다고 생각하면 된다.

172

시선 연습

봄은 꽃에만 있는 것은 아니다.
봄은 세상 어디에나 있다.
행복도 거기에만 있는 것이 아니다.

173

여정 변경 연습

언제 행복한지도 잘 모를 지경이다.

짧은 행복을 위한 긴 여정이 너무 고단하다.

더욱이 우리가 즐거워하는 것이

과연 행복인지도 잘 모르겠다.

행복을 향해 가는 길이

너무 오랫동안 고난의 연속이라면

그것은 행복이 아니다.

174

그만두기 연습

과거는 이미 없고 미래는 아직 없다.

과거를 만들어 괴로워하고

미래를 상상해 두려워한다.

이것은 쓸모없는 오래된 습관일 뿐이다.

175

편안함 연습

호랑이를 탄 사람은

사람들로부터는 선망의 대상이지만

본인은 편치 않다.

'나' 아닌 그 누구도 그 무엇도

나를 편안히 해주지 않는다.

176

모르기 연습

도대체 내가 무엇 하나 제대로 알고 있기는 한 것인가?

이 말을 하기까지

보통 30년 공부가 필요하다.

행복은 겸손해져서 세상을 받아들이는 것이다.

177

알기 연습

어느 하루 저녁 생각한 것 이상

우리 삶에서

더 알 것이 없을 수도 있다.

178

선택 연습

우리는 대부분 선택받으려 산다.

죽는 순간까지도 신에게 선택받으려 기도하니

그러면 도대체 우리 삶을 언제 선택하는가!

179

거미줄 끊기 연습

음습한 부자유의 거미줄에 걸리지 않으려면

가난한 사람이 유리하다.

그런데 보통 그 음습함을 목표로 한다.

180

역설 이해 연습

다른 사람이 나를 이해하는 것은 원래 불가능하다.

나를 생각하는 시간이 짧기도 하고

생각한다 하더라도 겉만 보기 때문이다.

타인에게 이해받으려 애쓸 것 없다.

자신의 상처를 이해받기란 그리 쉬운 일이 아니다.

행복은 이해받음이 아니라

타인이 나를 이해할 수 없음을 이해함에 있다.

181
아님 연습

아니다. 아니다. 아니다.

아무리 위대한 정신도 세 번만 '아니다'를 하면

사람들은 그가 시기하는 것으로 의심한다.

'아니다'를 말해주는 선생이나 책을 만나는 것이

얼마나 소중한지는

젊은 시절이 다 지나야 알 수 있다.

182
오후 산책 연습

선택하는 삶을 위해서는

힘이 있어야 한다고 생각하지만

그런 경우는 별로 쓸모없는 일뿐이다.

따뜻한 봄날 오후, 한적하게 혼자 산에 오르는 것은

재력가, 권력가일수록 어렵다.

183

따뜻함 연습

타인은

나를 이해하려는 자가 아니라

나에게서 이득을 얻으려는 자이다.

사람들과 잘 지내는 방법은 단 하나

그들에게 이익을 주거나 그 기대를 주는 것이다.

하지만 타인은 같이 생존을 위해 살아가는 정다운 사람이다.

삶을 위한 이기심도 서로 정겹게 보기를.

184

긍정 연습

행복하기 위해

죽음도 이루게 하지 못할 정도로 어려운 일이 있는데

그것은 타인을 인정하는 일이다.

185

지관(止觀) 연습

생각을 멈추다.

슬픔, 고통, 어려움에 빠진 이들이 잊지 말아야 할 것은

그 고난의 모든 것이 생각에서 기원한다는 것이다.

생각을 멈추어도

지옥 불에 떨어지지 않는다.

186

비판하지 않는 연습

타인을 비판할 때는 조심해야 한다.

사실은 그가 나를 시험하고 있을지 모르기 때문이다.

작은 일은 비판하지 않는 것이 좋다.

그러면 행복은 오랫동안 근처에 머물 것이다.

187
탈바꿈 연습

우리가 열심히 이룩한 것은 대부분

의도하지는 않았지만 허무하게도

결국 '타인의 이익'을 위한 것이다.

어차피 그렇게 될 바에야

처음부터 그것을 꿈으로 하면

매일매일 즐거울 것이다.

188
성공 연습

실패란 없다.

그러므로 그 이유도 없다.

죽는 순간까지 목표를 향해 쉬지 않고 가면

부족할 수는 있지만 실패란 없다.

189

같이 가는 연습

행복을 찾으러 가는 길은
사람의 자존심이 의외로 강해
대부분 혼자 가는 길을 택한다.

190

다름 연습

타인이 자기와 생각이 다른 것은
얼굴이 다른 것과 같은 유전자적 현상이다.
타인의 얼굴은 자신과 같도록 요구하지 않으면서
타인의 생각은 자기와 같기를 바란다.

191

동등감 연습

문제는

생각의 다름이 아니라

생각이 다를 때 사람의 마음가짐이다.

어린 시절 교육이 중요한 이유이다.

192

실증 연습

책을 보고 있다면 그것을 실제로 행해 볼 일이다.

쓰여 있는 대로가 아니면 그것은 십중팔구 거짓이다.

삶의 평온함은

생각이 주는 것이 아니라 행함이 주는 것이다.

193

평범함 이해 연습

타인으로부터 이익을 얻으려는 것은

모든 생명체의 본능이다.

인류 역사상 그렇지 않은 몇 사람이 있고

그들은 성인(聖人)이다.

이를 이해함이 행복의 조건이다.

194

단정(斷定)하지 않는 연습

우리 각자 모두 하나의 산과 같다.

아무리 작은 산이라도

도저히 이야기를 마무리할 수 없다.

195

친구 연습

풍요로운 자는

가끔 멈추어 자신의 풍요로움이

다른 사람과 크게 다르지 않음을 확인해야 한다.

그렇지 않으면 그들과 적이 된다.

196

기억 연습

행복을 위한 길은

어느 순간 우리에게 다가와 그것을 깨닫게 한다.

그런데 문제는 우리 기억력이 보통

이틀을 넘기기 어렵다는 사실이다.

197
수레 타기 연습

행복은

'세상을 감각하는 나'

'타인과 관계하는 나'

'스스로 존재하는 나'로 만들어진

세 개의 수레바퀴가 끄는 삼륜 마차이다.

수많은 바큇살 중 한두 개 부러져도

마차는 큰 상관 없다.

198
시작 연습

행복을 위한 길을 찾기 시작하면

오늘 찾지 못해도 내일 찾을 것이라는 기대가 있다.

시작하지 않으면 알 수 없는 즐거움이다.

199

청년 연습

진리와 행복을 향한 열정이 바로 '젊음'이다.

죽음의 순간까지 그것을 유지하기도 하고

젊은 시절 이미 그것을 잃기도 한다.

200

사람 이해 연습

나 자신을 공부하기 시작하면

타인을 대상으로 하는 심리학자만큼

타인에 대하여 잘 알게 된다.

오랫동안 혼자 수행한 수도승이 세상을 잘 아는 이유이다.

201

마음 두둑함 연습

사람들이 나를 덜 찾게 되면

보통, 내가 그들에게 줄 것이 적어졌다고 생각하면 된다.

하지만, 돈주머니가 얇아도

생각 주머니만 두둑하면 걱정 없다.

202

모으기 연습

행복은

하루아침에 발견하는 것이 아니라

매일 만들어 가는 것이다.

한순간 발견한 행복은 그 작은 시작점일 뿐이다.

계속 모아 가지 않으면 어느새 공기 중으로 흩어진다.

행복
연습

3장. 세상 속에서 행복한 꿈을 만드는 작은 연습

행복한 꿈을 가지면 이미 반쯤은 행복하다. 우리가 행복하지 않은 이유는 잘못된 행복을 꿈으로 가지기 때문이다. 목표하는 것을 진짜 행복으로 바꾸면 어느새 행복이 시작된다. 실제 행복을 위한 129가지 꿈을 연습한다. "행복이 보이기 위한 것이 아니라 자신의 작은 미소를 위한 것이라면 행복은 곳곳에 있다." "꿈이 단지 직업, 일을 위한 것이 아니라 가치, 행복을 위한 것이라면 행복은 그리 먼 곳에 있지 않다." (p118)

203

기쁨 연습

우리가 진정으로 즐거운 것은

소리 내어 웃을 때보다

소리 없이 미소 지을 때이다.

204

꿈 찾기 연습

꿈은 세 가지이다.

첫 번째는 일을 위한 꿈이고

두 번째는 가치를 위한 꿈이며

세 번째는 행복을 위한 꿈이다.

첫 번째 꿈은 하루 만에도 찾을 수 있지만

두 번째 꿈을 알기 위해서는 1년이 걸릴 수 있고

세 번째 꿈은 10년, 아니 죽기 전에 발견 못 할 수도 있다.

성공해도 행복하지 못한 이유이다.

205

가난한 부자 연습

사람의 가치는

그가 가진 것이 아니라

그가 행하는 것으로 결정된다,

가지지 못했음을 한탄할 것 없다.

206

많은 것을 보는 연습

아름답게 되는 것보다

아름다움을 느끼는 것이 훨씬 쉽다.

혹시 둘 중 하나를 택하라면 나는 후자를 택하겠다.

그것이 우리를 훨씬 행복하게 한다.

207

자기 것을 보는 연습

아름다움을 가지지 못해 슬퍼할 것 없다.

몇 년 후에는 완전히 다른 관점에서 그것을 볼 것이다.

그것을 준비하면 된다.

208

설렘 연습

설렘은 의지이다.

의지를 잃지 않는 한

그의 소맷자락은 즐거운 바람을 몰고 다닐 것이다.

가슴 뜀의 기원이다.

설렘을 놓치면 젊음도 놓친다.

209

만족 연습

삶을 불평하는 사의 특징은
즐거움이 아니라 더 큰 즐거움을 원한다는 것이다.
매일 태양의 떠오름과 함께
삶을 새롭게 시작하는 연습이 필요하다.

210

감성 연습

한순간 행복을 잃을 수 있다.
그것은 이성적 능력 부족이 아니라
제어되지 않은 감정 때문이다.
삶이 흔들리지 않으려면
이성 연습보다 감성 연습이 더 필요하다.
바이올린 선율이 아름다워지기 위해 하는 것만큼.

211

겸허 연습

오랫동안 행복하려면
목적지를 바르게 잡을 필요가 있다.
수많은 위대한 철학자들이 반복하는
천 년의 진리이다.
목적지에 잘못 도착하면 사람은 교만해진다.

212

설득 연습

진정한 강자는
감동시키는 자이다.
그만이 세상을 변화시킨다.

213

자기를 키우는 연습

태양의 황금비를 담는 것은

그릇 크기에 비례한다.

올바른 교육은 그릇 크기를 키우는 일이다.

214

밝음 연습

밝은 감성을 가지려는 연습

이것이 실제로 삶을 밝게 만든다.

이 면에서는 감성이 이성을 압도한다.

215

인간적인 연습

권력자, 아니 신을 대할 때나

지나가는 걸인을 대할 때나

조금도 변함없어야 한다.

자기모순이 없는 것은 행복의 조건이다.

216

돌진 연습

보통 약자는 어려움에 부딪혔을 때

자신의 의지를 변화시킨다.

그러나 마음 편한 시기가 지나면

삶을 변화시키려 한 자를 부러워할 것이다.

217

표출 연습

분노와 격징을 표출하는 방식은

그 '대상'에 표출하는 방식과 그 '원인'에 표출하는 방식이 있다.

분노를 제어하지 못하는 시대에 잊지 말 일이다.

분노는 원인에 표출해야 행복에 가깝다.

218

소년 연습

어린아이의 특징은

자신의 의지 대부분을 쉽게 성취할 수 있는 일로 한다는 것이다,

그러므로 휴식할 때만큼은 그렇게 하는 것이 좋다.

그렇게 삶이 순수해진다,

219

강자 연습

작은 일에 관대한 것은 강자의 특징이다.

그렇지 못하다면 강자가 아닌 증거이다.

그런데 의도하지는 않았어도

작은 일에 관대하다 보면

자연스럽게 강자가 되어 있다.

220

오래된 자기 연습

과거 '그것'의 가치가 사라져 보일 때

잊지 말아야 할 것은

'그것'이 아니었더라면

어디로 가야 할지 몰랐으리라는 것이다.

과거의 보잘것없는 '그것'은 내 안내자이고 시금석이다.

221

잃지 않는 연습

가지지 않은 것에 너무 애쓸 것 없다.

이미 가진 아름다움을 지키는 것도 중요하기 때문이다.

미는 청결히 유지되지 않으면 곧 더럽혀진다.

하나를 얻으려다 열을 잃는다.

222

약자 연습

약자는 보통 유혹에 약하다.

그만큼 사람들을 믿고 좋아하기 때문이다.

강자는 유혹에 빠지지 않는 '삶의 지식'으로 무장해 있다.

나는 행복한 약자가 되겠다.

223

해독 연습

즐거움은 중독되지 않을 정도로 드물게만 가지는 것이 좋다.

그것에 중독되면

즐거움이 아니라 고된 사역의 원인이 된다.

224

나를 믿게 하는 연습

자기를 표현하는 일은 어려운 일이다.

‘표정, 몸짓, 말투, 목소리, 지식’

오랜 연습이 필요하다.

이를 통해 자기 일을 겨우 설득할 수 있다.

그런데 자기표현보다 더 설득력 있는 것은

상대에 대한 존중이다.

225

안도감 연습

더 큰 외로움을 느끼는 것은

혼자 있을 때가 아니라 사람들과 함께 있을 때이다.

함께 할 때 그들과의 괴리감.

그런데 그것을 나만 느낀다고 생각하는 것은

다행스러운 오해이다.

226

납득 연습

강자는 외롭다고 한다.

자기를 이해하는 사람이 적다고.

커다란 오해이다. 그는 거짓 강자이다.

타인을 이해하고 또 이해시킬 힘이 없음에 대한 반증이기 때문이다.

이는 자신을 약자로 오인하는 자도 주의할 일이다.

행복은 타인을 이해하는 그리고 이해시키는 정도이다.

227

자기 노출 연습

단지 세 마디 말에 의해 대부분 자신을 노출한다.

감추려 노력해도 소용없다.

있는 그대로 보여주는 방법밖에 없다.

228

가식 않는 연습

위장술이 뛰어날수록 사기꾼이 되기 쉽다.

타인을 속여 쉽게 호의를 얻을 수 있기 때문이다.

그러나 같은 사람이 두 번 당하지는 않는다.

위장술이 뛰어난 자가 친구가 없는 이유이다.

229
자기 채우기 연습

밀이 많아지거나 시끄러워시면

더는 가진 것이 없다는 증거이다.

자신에 실망하지 않기 위해서는

이제 무언가 자기를 위해 시작해야 할 때임을 자각해야 한다.

여자가 시끄럽다고 생각하는 것은 오래된 오해이다.

행복하면 보통 조용해진다.

남자가 좀 더 시끄러운 이유이다.

230
변심 연습

변심이란 원래 없다.

달라진 것은 당신을 포함한 세상 모든 것이다.

이것을 인정하지 않으면

외로운 고집불통이 되는 것은 하루아침이다.

변화하지 않는 행복이란 없다.

231
자격 연습

화를 내는 이유는
‘무시와 손해’ 외 다른 것은 없다.
‘존중과 이익’을 원했던 당신도
사실, 타인에게 ‘무시와 손해’를 주려 했으면서.
대부분, 누구도 화낼 자격이 거의 없다.

232
솔직함 연습

자기 잘못은 ‘약한 감정’ 탓으로 돌리고
자신은 ‘고귀한 의지’를 가진 숭고한 자라고 생각하는 것은
비겁함의 극치이다.
술에 취해 파렴치한 행동을 한 자의 변명처럼.

233

나침반 연습

삶에 방향성이 없으면 전진도 없다.
이때 '감성 나침반'이 유용하다.
즐거움을 향할지, 흥미로움을 향할지
자랑스러움을 향할지, 설렘을 향할지.
자유, 평등, 정의 같은 '이성 나침반' 보다
이편이 훨씬 간편하고 정확하다.

234

감성 연습

진리가 우리를 자유롭게 하듯이
감성이 우리를 평등하게 할 것이다.

235
비웃음 연습

우리를 상심케 하는 것은

허영심과 욕구를 자극하여

갖고 있지 않으면 무력감이 들도록 하는

비열한 상술이다.

이익을 위한 것이니 크게 탓할 바는 아니지만

이를 조소할 수는 있어야 한다.

236
탈출 연습

우리는 약자로 사육되고 있다.

'불안의 시대'

불안을 조장하여 모두를 겁쟁이로 만들고

사기꾼은

이를 이용해서 돈을 번다.

237

감성 확장 연습

'감정'은 의지 영역 밖의 것이고

'감성'은 의지 영역 안의 것이다.

공부를 지속할수록

감정 영역은 줄어들고 감성 영역은 늘어난다.

238

자존감 연습

행복하지 않은 이유는

자신에 대한 경시에 기인한다.

자신보다 꿈을, 지식을, 명예를, 도덕을, 타인을, 국가를.

그것들보다는 자신을 더 존중하는 것이 행복의 조건이다.

239

자존감 버리기 연습

안타깝게도

진정한 스승을 만나는 일은 매우 어렵다.

이는 자신을 인도할 만한 스승이 드문 탓도 있지만

대부분 그의 가르침을 수용하는 인내심 부족 때문이다.

행복의 조건은 수용이다.

240

인내심 연습

인내심만 있으면 이미 반쯤 행복하다.

인내심은 타고나는 것이 아니라

배움과 익힘을 통하여 조금씩 향상되는 것이다.

인내심이 부족한 이들은

이를 잘 모르고 자신의 타고난 기질이라 생각한다.

241

오늘 연습

과거도 미래도 아니다.

행복은 현재가 결정한다,

자기를 현재로 되돌려주는 것은 감성이다.

우리 모두 '감성을 위한 노트'를 준비해야 한다.

242

작아지는 연습

최고의 정치가, 권력가, 재력가는

어느 정도 치료를 요하는 정신병적 요소를 가진다.

천 년에 한 번 나타나는 성자만이 가능한 일을

자신이 할 수 있다고 착각하기 때문이다.

오히려 그들은 사람의 행복을 망친다.

부처도 사람을 쉽게 행복하게 해주지 못한다.

보통 사람은 열 사람이면 충분하다.

243

철퇴 연습

정말로 욕망에서 벗어나기 어렵다면

'자신답게 그리고 인간답게' 행해야 한다.

그렇게 할 수 없는 것에는 과감히 철퇴를 내려라.

244

자신다움 연습

자신다울 수 있으면 그것으로 충분하다.

항상 자신다움을 잃지 않는 일관성

조금 부족하고 조금 마음에 들지 않지만

자신다움을 유지한다면

그런대로 사람들과 같이

사이 좋게 살아갈 수 있다.

245

상심 연습

타인에게 이해받고자 하는 자는

자기 생각을 너무 뚜렷이 나타내면 안 된다.

대부분 사람은 생각이 조금 불분명하기 때문에

명확한 주장은 자기 생각과 다르다고 단정 짓기 때문이다.

그러므로 대중의 호평을 받지 못한다고 실망할 것 없다.

246

호감 연습

누구나 자신과 다른 생각에 반감을 보일 수 밖에 없다.

자기 생각이 의미를 잃을 수 있기 때문이다.

만일 그럼에도 그것을 수용하는 자가 눈에 띄면

놓치지 말고 친구로 삼기를 권한다.

247

사람 지향 연습

사람이 편안한 것은
자연과 조화로운 모습을 보일 때가 아니라
사람과 조화로운 모습을 보일 때이다.
사람의 본성은 사람을 향한다.

248

그릇 키우기 연습

화는 자신의 약점과 아픈 곳이 드러날까 봐
그것을 감추기 위한 위장 전술이다.
그러니 화를 자주 낸다면
그만큼 자신이 부족하다는 것을 자각해야 한다.
그런데 자신 이외에 누구도 자기감정을 바꿀 수 없기 때문에
자기 약점과 아픈 곳의 극복을 위해
한 걸음 한 걸음 노력하는 방법밖에 다른 길이 없다.
깊은 독서가 필요한 이유이다.

249

오래 달리기 연습

감성은 저절로 지속하는 것이 아니라

의도적으로 유지되는 것이다.

깊은 사랑도 절망적 슬픔도 예외는 아니다.

행복도 마찬가지.

250

아침 감성 연습

어느 한 번의 감성은

두 번 다시 재현될 수 없다.

16살 풋내기 소년이나 죽음을 앞둔 지혜로운 자나

오늘 아침 감성의 경이로움은 똑같다.

행복도 마찬가지.

251

평상심 연습

자신이 감정의 격류 속에 있을 때
거울을 보는 것은 매우 유익하다.
분노에 찬 악마의 모습이 아니라
평상시 모습 그대로이다.

252

오랜 경험 만들기 연습

평생 변하지 않는 자기만의 경험을
하나쯤 가지는 것은 유용하다.
이를테면 '5월 버찌를 따 먹으며 느끼는 설렘' 같은 것.
행복은 반복되어도 절대 줄어들지 않는다.

253

약간의 꾸밈 연습

사람은 자기를 보아주는 자가 있어야 치장한다.

타인을 조금 기만하려는 것이다.

그런데 그것으로 모두 행복해진다면

그 정(正)이 부(否)보다 크다.

254

그리움 연습

누군가 그리운 것은

그가 그리운 것보다

그와 함께 한 즐거운 시간에 대한 기억이다.

그리움으로 남을 만큼 행복한 시간을 지금 만들라.

255

직시 연습

누군가 자기를 좋아할 때

자신의 극히 일부분만 좋아하는 것이다.

그 이상 욕심내거나 기대하지 말 일이다.

256

멀리 가지 않는 연습

각자 살기 편한 곳에서 사는 것이 좋다.

그렇지 않으면 약자의 운명을 벗어나기 어렵다.

따뜻한 곳에서 사는 식물이 추운 곳에서 싹트면 살기 어렵다.

행복은 자기 주변을 멀리 벗어나지 않는다.

257

반론 연습

사람은

자기 생각에 대한 타인의 반대를 반박하기 위해

더욱 고집스럽게 주장하는 경우도 적지 않다.

그러므로 그를 설득하려면

반론을 제기하기보다는

허점 있는 긍정을 하는 것이 좀 더 유익하다.

행복은 싸워서는 절대 얻을 수 없다.

258

내일 연습

내일의 추억을 위해

오늘을 준비하는 자는

훌륭한 과거를 가지겠지만

오늘은 항상 보잘것없다.

259

존경 연습

타인의 성공에 대해 존경을 표하는 것은

자기가 할 수 없는 것만 해당한다.

자기도 할 수 있는 것으로 생각되면

곧 시기와 질투가 시작된다.

행복이 어려운 이유 중 하나이다.

260

멋짐 연습

우아하게 되는 것이 생각보다 쉬워졌다.

흉내 내면 되기 때문이다.

그들에게는

어디서 본 듯한 표정, 들은 듯한 말투, 맡은 듯한 향기가 난다.

그런데 진짜 우아한 자는

항상 독특하고 처음 보는 듯한 모습을 보인다.

비슷한 행복을 가진 사람들은 사실은 행복하지 않다.

261

감성 휴식 연습

휴식이 주는 최대 장점은

감성을 부드럽게 한다는 것이다.

공격적인 사람은 대부분 잠이 부족한 자이다.

육체의 병이 휴식을 통해 치유되듯

정신의 병 또한 휴식을 통해 치유된다.

262

미로 탈출 연습

명망 있는 이들도

거짓일 수 있다는 것을 알면서도 '거짓 진리'를 말하고 다닌다.

정신적 사기꾼이다.

이를 바로 잡지 않으면

'참과 거짓의 미로' 속에서 헤어나오지 못할 것이다.

행복하기가 쉽지 않은 이유이다.

263

자기 탈출 연습

사람은 자기가 변한 만큼만 타인도 변했을 것으로 생각한다.

이솝 우화를 읽을 시절에 이미 깨우쳤어야 하는 오류이다.

사람은 과거와 무관하게 어느 순간

존경할 만한 자가 되어 있기도 하도

경멸의 대상이 되어 있기도 하다.

264

거절 연습

사람은 타인이 자기를 위해 조금 희생해도 된다고 생각한다.

자기도 어느 정도 희생을 감수한다고 생각하기 때문이다.

그런데, 문제는 그 요구가 항상 더 크다는 것이다.

물론 본인은 반대로 생각하지만.

보통, 거절한 자가 이기적이라고 생각하지만

거절할 정도로 무리한 요구를 한 자가

이기적인 경우도 적지 않다.

265

자기 불평 연습

누군가의 오류를 설득하지 못하는 것은

자기 생각이 틀렸거나

그것을 이해시킬 능력 부족 때문이다.

다른 사람 탓할 것 없다.

266

수긍 연습

성공한 자는 역경을 극복하고 그 속에서 밝게 빛난다.

하지만 사람들은 이것을 아이들 교육용으로만 사용할 뿐

마음속으로는 그의 행운만을 부러워한다.

그렇게 생각하지 않으면 쉽게 잠들 수 없기 때문이다.

267

비난하지 않는 연습

누군가를 비방함으로써 얻는 최대 이점은

자기는 그 대상이 아니라는 것을 상대에게 공표하는 것이다.

이 쾌감은 의외로 커서 비방 거리를 찾는데 모두 열심이다.

그런데 상대가 그렇게 생각할 것으로 단정하는 것은 위험한 착각이다.

268

원점 연습

슬픔의 반대는 기쁨이 아니라 '슬프지 않음'이고

가난의 반대는 풍요가 아니라 '가난하지 않음'이다.

원점을 기준으로 살면 괴로움은 반으로 준다.

269

무심 연습

자기 생각을 너무 열심히 이야기할 필요 없다.

그럴수록 보통 상대방은 더욱 무관심해진다.

그가 원하는 것을 던져놓는 것으로 충분하다.

이는 사람 사이 관계에서도 다르지 않다.

270

본받음 연습

진정으로 행복한 자는 그것을 나누어 주는 자이다.

아직 젊은 자는 그것을 나누어 주지 못하는데

그것을 아는 데 시간이 걸리기 때문이다.

젊은 시절 가장 우선해서 해야 할 일은

선인(先人)에게

그의 업적이 아니라 그의 행복을 배우는 것이다,

271

빗음 연습

20대 젊은이도

자신을 가꾸는데 열중일 때 비로소 아름답다.

아름다움은 가꾸는 자의 것이다.

272

친밀 연습

사람 사이 관계의 시작은 최면의 결과인 경우가 많다.

최면은 곧 깨지지만

이때야말로 진짜 친밀감을 만들 기회이다.

물론, 사람은 의외로 까다로워서 신조차 만족시킬 수 없지만

그에게 '편안함'을 준다면 이야기가 다르다.

273

변덕에 대한 연습

사람의 감성은 아침저녁 다르다.

이는 우리를 혼란스럽고 화나게 한다.

하지만 그 변덕스러움이 삶을 가슴 뛰고 풍요롭게 한다.

274

만남 연습

함께 놀 수 있는 자를 만나는 것은

행운이고

함께 일할 수 있는 자를 만나는 것은

커다란 행운이며

함께 휴식할 수 있는 자를 만나는 것은

굉장한 행운이다.

275

인연 연습

모두와의 좋은 관계는

바라지 않는 것이 건강에 좋다.

같은 미소를 띠는데

어떤 사람은 비웃는 것으로 생각하기 때문이다.

276

인지 연습

불평하는 자 중에는

나태를 감추고 있는 자도 있기 때문에

그의 말을 그대로 받아들여서는 안 된다.

277

공정함 연습

삶은

몇 가지만 제외하면

불평을 받을 만큼 그렇게

불공평하지 않다.

278

기분 전환 연습

사람들이 있는 곳은 정다움이 있다.

삶이 혼란스러워도

그것이 우리를 즐겁게 한다.

279

우울 치유 연습

우울을 치료하는 것은

웃음이 아니라 휴식이다.

휴식은 생각을 멈추는 것이고

생각을 멈추는 것은 목표를 멈추는 것이다.

280

시련 연습

서늘한 바람은 무더움을 전제로 한다.

행복도 마찬가지.

281

역동성 연습

눈 깜짝할 사이에 운명이 바뀔 정도로

삶은 역동적이다.

내일 다른 삶을 살 수 있다.

지금 과거를 준비하라.

282

숭고함 연습

몇 가지 더 가졌다고 자랑할 것 없다.

필요한 사람은 가진 자가 아니라 나누는 자이다.

자기를 명석하다고 생각하는 자는

받을 일이 별로 없어 잘 나누지 않기 때문에

사람들에게 곧 무시당한다.

283

운명 연습

백 가지 우연과 행운이

비로소

나를 숨 쉬게 한다.

284

평정심 연습

평온을 위해 필요한 것은

하지 않는 것이 아니라

서두르지 않는 것이다.

285

실패 연습

실패, 좌절과 함께하는 삶도

나름대로 이야기의 주인공이 될 수 있다.

소설에서는 보통

그런 삶이 재미와 감동을 준다.

286

무소유 연습

아름다움은 꼭 옆에 둘 필요는 없다.

조금 떨어져 있을 때 더욱 아름답기 때문이다.

'소유하지 않음'의 역설은 행복에도 적용된다.

287

절망 연습

슬픔이 자신을 무너뜨린다고 변명하지 않는 것이 좋다.

정말 나를 무너뜨리는 것은 '슬픔'이 아닌

슬픔과 관계없는 존재 '나'이다.

절망 속에서도 행복은 실존으로 생존한다.

288

결정 연습

중요한 결정은

너무 지쳐 있을 때 하지 않는 것이 좋다.

자기의 가장 보통 상태에서 하는 것이 후회가 적은데

대부분 충분히 잔 날 정오가 좋다.

행복은 너무 지친 자에게는 오지 않는다.

289

부동심 연습

빗방울이 작은 돌 위에 떨어지는 것 이상으로

우리 삶은 우연의 연속이다.

슬픔도 열 가지 우연의 결과이고

어느새 즐거움을 위한 또 다른 우연은 준비된다.

슬픔에 너무 흔들리지 말라.

290

밝음 연습

어둠 속에도

조금 더 어두운 곳과 조금 더 밝은 곳이 있다.

슬픔 속에도

조금 더 어두운 슬픔과 조금 더 밝은 슬픔이 있다.

291

절망하지 않는 연습

아쉬움과 회한은 게임을 마친 자의 이야기다.

아직 행복을 찾고 있는 자에게 그런 것은 없다.

아직 끝나지 않았다.

292

회복 연습

회복은

상처 주변 먼 곳에서부터 시작한다.

슬픔도 그렇다.

293

지각 연습

인지되지 않는 변화가 훨씬 많다.

보이지 않는다고 초조할 것 없다.

이것을 알지 못해 일이 틀어지기도 한다.

중요한 일일수록 마지막 하루의 무심(無心)이 필요하다.

294

슬픔 연습

슬픔도 준비해야

조금은 견딜 만해진다.

갑작스러운 슬픔이 힘든 이유이다.

295

굴욕 연습

약자는 비굴함을 참지 못한다.

강자는 때때로 비굴함을 즐긴다.

296

고독 연습

고독도 가끔은 즐길 만하다.

그것만이 줄 수 있는 것이 있기 때문이다.

고독은 삶을 재건하는 과정이다.

그것을 통해 다시 태어날 자격을 가진다.

297

즐거움 연습

목표가 '기쁨'이 아니라 '즐거움'이면
삶은 조금 더 평온해진다.

298

묵언 연습

말을 하면 주위는 친구와 적으로 나뉜다.
침묵의 효용이다.

299

꿈 찾기 연습

두근거림은

소심함이 아니라 설렘이다.

신대륙을 향한 원대한 꿈과

튼튼한 배를 준비하라.

300

자기 지배 연습

감당할 수 있으면 힘들어도 즐거울 수 있다.

그러므로 힘을 키우면 많은 부분 행복할 수 있다.

신이 사람에게 준 가장 큰 선물은

자신을 제어하는 힘이다.

301

극대 연습

조용히 숨을 거두는 순간까지
자신을 최대로 하라.

302

허무함 연습

허무함은 기대에 비례한다.
노력만큼만 기대하면 허무함은 거의 없다.
그것만큼은 예외 없이 돌려주기 때문이다.

303

가치 기준 연습

우주 기준의 가치와 사람 기준의 가치는 다르다.

자기가 좀 더 가치 있다고 생각하는 오만한 이들을 위한

사소한 진실이다.

304

분리 연습

무언가

대단해 보이기도 하고 초라해 보이기도 한다.

잘 보이지 않는 것은 배경과 겹쳐 있기 때문이다.

분리해서 보면 다 비슷하다.

305

비상 연습

비상을 위해서는 가벼운 것이 좋다.

무거운 것은 중력을 이겨내지 못하기 때문이다.

커다란 명예, 풍부한 지식, 다양한 관계, 상당한 재화.

두 개만 합해져도 무겁다.

306

수수함 연습

교활한 장사꾼은

가지지 못하면 초라함을 느끼게 하는 데

혈안이 되어 있다.

초라해도 욕심 없는 나른함이 그립다.

307

무심 연습

공연히 상심하지 말라.

아무렇지도 않게 여길 일은

그렇게 하는 것이 건강에 좋다.

308

투시 연습

보이지 않아도 태양이 존재한다는 것은 잘 알고 있다.

슬픔도 기쁨도

괴로움도 즐거움도

그렇다.

309

창작 연습

같은 사람에 대한 감정도 아침저녁 다르다.

그러므로 감정의 근원은 나에게 있다.

그를 아름답게 그리고 추하게 만드는 것도 나이니

나를 아름답게 그리고 추하게 만드는 것도 당연히 나다.

310

겨울 연습

겨울이 되면

태양은 드디어 그 따뜻함을 드러낸다.

311

후회 연습

어려움이

형편없는 이기심에 기인했을 수 있다.

운명을 원망하면 길이 없고

회한(悔恨)하면 그래도 아직 길은 보인다.

312

신을 자기 편으로 하는 연습

내가 기쁠 때 타인이 슬프면

그것은 기쁜 일인가?

내가 슬플 때 타인이 기쁘면

그것은 슬픈 일인가?

서로 이기려 경쟁하면

신은 누구의 편도 들지 않는다.

313

방황 연습

길을 잃으면 가지 않은 길을 갈 수 있다.

간혹 위험하긴 하지만

새롭고 가슴 뛴다.

가끔 삶에서 길을 잃는 것도

아주 나쁘지만은 않다.

314

기다림 연습

계절은 알게 모르게 천천히 다가온다.

모든 것에는 때가 있다. 과실이 익는 것 같이.

슬픔도 천천히 치유된다.

서둘러 잊으려 하는 것은

겨울을 입김으로 덥히려는 것과 같다.

315

무색 연습

빛은 모여야 투명해진다.

사람들 생각을 모두 수용할 수 있다면

투명해질 것이다.

투명하면 변형 없이 있는 그대로 보인다.

316

균형 연습

행복이 사는

밝음 속 자유 공간에 도착하면

어지러움에 힘들지 모른다.

비행을 위한 균형 연습이 필요하다.

317

먼지 털기 연습

위대한 깨달음도
생각의 먼지 속에 쌓이면
하루 저녁을 넘기기 어렵다.

318

감내 연습

감나무는 어느 해 열매가 적으면
다음 해 더 많은 열매를 맺는다.
누군가를 기다려주면
그는 반드시 보답한다.

319
재연 연습

너무 아쉬워할 것 없다.

잘못된 선택이라도 시간이 지나면 결국

조금 늦어질 뿐, 결과는 비슷할 수 있다.

같은 아쉬움의 반복만 피하면 된다.

그런데 선택의 순간

숨어 있던 이기심이 다시 얼굴을 내민다.

320
등반 연습

나락에 떨어진 듯한 아득함.

기분일 뿐이다. 아무 일도 아니다.

그곳에서 다시 천천히 올라오면 된다.

아무렇지도 않은 척하고 있지만

모두 그렇게 살고 있다.

321

희망 연습

그리움은 여유로움의 증거이다.

슬픔을 느낀다면 희망적이다.

322

도피 연습

사람은

기쁨을 위해 살아가고

슬픔을 피하려고 노력한다.

유용성으로 보면 슬픔이 더 중요하다.

323

관조 연습

기억이란

즐거이 뛰어노는 사슴과 같다.

멀리서 조용히 지켜보는 것이 좋다.

행복도 그렇다.

요란스러우면 달아난다.

324

진실 연습

시간은 평등하다. 공기도 평등하다.

태양도 평등하다. 계절도 평등하다.

밤낮도 평등하다. 바람도 평등하다.

이 정도면 사람이 평등하다는 것은 진리라 할 수 있다.

325

존재 연습

항상은 아니지만
무더운 여름비를 흠뻑 맞으면 행복할 때가 있다.
자기가 느껴지기 때문이다.
작지만 가장 큰 행복일 수도 있다.

326

의연함 연습

평등하지 않은 진리는 돌아볼 것도 없다.
자기를 뛰어나다고 생각하는 자는
진리를 알지 못하는 멍청이다.
멍청이에게 초라함을 느끼지 말라.

327

적절함 연습

사실 필요한 것은

그리 특별한 것은 아니다.

대단할 것 같은 기대와 착각만 있을 뿐.

아무리 다시 보아도

소박하고 단정하게 지내는 것 이상은 필요 없다.

328

정결함 연습

가난한 영혼이여, 걱정 말라.

욕망에 빠져 더러움을 구분하지 못하는 자보다

가난하지만 정결한 당신이 아름답다.

329

후각 연습

사람을 가르치려면 오랜 준비가 필요하다.

그렇지 않으면

그의 입에서 악취가 날 것이다.

330

기품 연습

모두 고집스러운 이 세상에서

변하려 하는 부드러운 모습만으로도

당신은 이미 충분히 고귀하다.

331

치유 연습

영혼 중독자가

마약 중독자보다 위험한 것은

자신이 병들었다는 생각도, 그 증거도 없기 때문이다.

그 증상은 행복을 꿈꾸지 않는 것.

지금 우리에게 더 필요한 것은

의사가 아니라 교육자다.

행복
연습

4장. 세월 속에서 행복한 삶을 만드는 작은 연습

오늘도, 내일도, 1년 후도 그리고 죽음의 순간까지 행복을 주는 199가지 행복 연습이다. "사랑은 저녁놀 화려한 하늘이 아니라 아무렇지도 않은 보통 하늘이다. 아름답고 화려한 사랑은 희생할 것이 너무 많다. 오랫동안 그렇게 한가할 수는 없다." "사랑은 아침 안개처럼 차분해야 한다. 지킬 것이 많기 때문이다. 사랑은 의외로 침착해야 한다."(p184) 어느 곳에서나 그곳에 행복이 스며 있다. 시간은 공평히 흐르고 있다. 행복과 함께.

332

일상 연습

사랑은

저녁놀 화려한 하늘이 아니라

아무렇지도 않은 보통 하늘이다.

아름답고 화려한 사랑은 희생할 것이 너무 많다.

오랫동안 그렇게 한가할 수는 없다.

행복의 조건이다.

333

침착함 연습

사랑은

아침 안개처럼 차분해야 한다.

지킬 것이 많기 때문이다.

사랑은 의외로 침착해야 한다.

334

매력 연습

사랑의 묘약은

운명적 만남이 아니라

자기를 조금 더 가꾸는 것이다.

사랑은 찾아오는 것.

행복도 마찬가지.

335

유혹 연습

사랑은

비밀투성이여야 한다.

현혹해야 하기 때문이다.

비밀을 끝까지 깨지 말 것이며 자기만의 비밀을 더욱 만들라.

사랑의 시작은 호기심

유지는 비밀에서이다.

멋진 인정 연습

사랑은

비슷하게 되는 과정이 아니라

다름을 '멋지게' 인정하는 과정이다.

그와 영혼까지 공유하려 착각 말라.

내면 연습

사랑의 대상은

변하지 않은 것들이다.

순수, 열정, 선함, 감성, 정다움.

외형적 사랑은 젊은 시절 몫이다.

그때는 그것밖에 없으니 할 수 없다.

사실, 이것은 행복의 비밀이다.

338

진화 연습

사랑의 기술은

상대가 희생을 아까워하지 않을 정도로

자기를 매력적으로 만들어 가는 것이다.

사람은 받는 것을 좋아하지만

의외로 주는 것도 꽤 좋아해서

줄 만한 상대를 계속 찾는다.

339

거래 연습

사랑은

백 가지 조건이 필요하고

그것을 지키는 과정이다.

작은 물건 하나 사는데도 거래 조건이 필요하다.

사랑은 인생 최대의 거래이다.

조건 없는 사랑은 소설에서나 찾아라.

그 행복은 사흘을 넘기기 어렵다.

340

자질 연습

사랑의 대상은

아름다운 자가 아니라

즐거움을 주는 자가 좋다.

아름다움은 오래가지 않아서 자격 상실이다.

행복의 친구는 아름다움이 아니라 즐거움이다.

341

방향(放香) 연습

사랑은

소나무 향 같은 것이다.

너무 주려, 받으려 하지 말라.

주어도 불편하고 받아도 불편하다.

주면 받고 싶고, 받으면 돌려주어야 문제없다.

342

무향 연습

사랑은

편하고 순수한 무향이다.

향기가 지속되면

두통을 일으킬 것이다.

행복한 사랑은 보이지 않을 정도로 순한 것이다.

343

빚음 연습

사랑은

하루하루 매력을 만들어 가는 것이다.

죽음의 순간까지.

부지런하면 무엇이든 조금은 쉽게 가질 수 있다.

사랑도 마찬가지. 행복도 마찬가지.

344

지성 연습

사랑은

감성만큼 이성적이다.

감성만이면 어느새 도망간다.

감성으로 사랑에 반하고

이성으로 사랑에 전념한다.

345

깊음 연습

사랑의 기쁨은

내가 아닌 그의 즐거움이다.

내 것은 얕은 우물이고

그의 것은 깊은 바다이다.

행복한 사랑의 조건이다.

346

보존 연습

사랑의 규칙은

그가 처음 사랑했던 나를

가능한 유지하는 것이다.

행복한 그는 저절로 나를 행복하게 한다.

347

감내 연습

사랑은

불편한 일이다.

마음을 사로잡는 것이 그리 쉬운 일은 아니다.

편안하다면 이미 사랑이 지나간 것.

불편한 것을 감수하는 인내와 노력이

사랑을 유지한다.

348

주고받음 연습

사랑은

주는 것만큼만 받을 수 있다.

누구든 성인(聖人)이 아니라 사람이다.

받은 것 이상을 요구하면 화를 내는 법이다.

행복한 사랑의 법칙이다.

349

맞섬 연습

자유,

별 것 아니다.

하고 싶은 대로 한다고 그리 대단할 것도 없다.

단지, 사역으로부터의 도피가 목적이라면.

당신이 도망가는 만큼 행복도 도망갈 것이다.

350

무감각 연습

권력가와 재력가의 가장 껄끄러운 상대는

그들의 것에 무관심한 자이다.

그가 자신보다 행복해 보이기 때문이다.

351

냉철함 연습

자유에 대한 억압에 대항하는 자는

치열히 그리고 냉철히 준비하여

억압의 싹이 다시 트지 못하도록

철저히 파괴, 응징해야 한다.

억압에 대한 단순 자기방어적 저항은

희생을 키울 뿐이다.

'적당히'는 불행의 조건이다.

352

뺄셈 연습

행복은

무한히 확장한다.

표면에 도달할 수 없는 이유이다.

그런데 사실 그렇게 멀리 갈 필요도 없다.

행복은 공처럼 생겨서

한 쪽으로 가면 다른 쪽에서 멀어지기 때문이다.

353

덧셈 연습

자유의 목적도 역시 행복이다.

내 주위 열 사람만 자유롭다면

그들과 함께 행복할 것이다.

354

나눗셈 연습

모든 일에는 준비가 필요하다.

하지만, 자유를 위한 준비에 시간을 너무 과도하게 끌면

결국 죽음을 위한 준비가 될 것이다.

준비 잘 하려다 젊음이 다 간다.

절망과 슬픔 속에도 우리는 충분히 자유롭다.

355

곱셈 연습

자유는

타인에게서 뺏는 것이 아니라

그들과 함께 나누는 것이다.

행복처럼.

356

도전 연습

자유에

편안함을 연결하는 것은

스무 살 시절 잠깐으로 충분하다.

자유는 모험과 투쟁 상태이다.

편안함을 원한다면

작은 방에서 조용히 그것을 만끽하면 될 것이다.

자유는 정신적 상태이다.

육체적 자유는 나태일 뿐이다.

자유는 가슴 뜀을 위해

불편함과 노동을 일부러 선택하는 것이다.

집을 나섬은 행복의 조건이다.

357

현실 연습

자유는

아무것도 해주지 않는다.

자유로워도 아무것도 얻을 수 없다.

그래서 자유와 먹을 것을 바꾸는 것이다.

자유가 무엇이든 해줄 것이라는 오해가

사람을 자유롭지 못한 것으로 오인케 한다.

진리는 행복하지만 가난한 법이다.

358

오늘 연습

삶 대부분은 과거와 미래이다.

현재는 너무 짧다.

자유롭지 못한 이유이다.

복잡하게 생각하지 말라.

그냥 지금 자유로우면 자유로운 것이다.

359

깨달음 연습

자유가 주는 것은

'존재의 깨어 있음'이다.

그것은 아무것도 주지 않지만, 의지가 가미되면 마법이 시작된다.

모든 것을 다 잃어도, 잔혹한 세상에서도

그것은 세상을 유지시킨다.

사랑은 먹을 것을 주지 않는다.

자유도 마찬가지.

아무것도 주지 않지만, 우리 생을 결정한다.

행복을 주기 때문이다.

360

부자유 연습

자유는

단지 억압에 대항할 수 있는 상태일 뿐이다.

'자기 마음대로'라는 생각은 착각이다.

진리는 자유로 인도하지만

자유는 진리로 인도하지 않는다.

둘을 동급으로 생각하면 곤란하다.

공평이 기웃거리기 때문이다.

행복은 약간의 부자유 상태이다.

361

자유 사용 연습

궁금한 것은

자유를 어떻게 써야 하는지 인데

지식인들은 자꾸

자유롭기 위한 편법만 가르친다.

362

권리 연습

자유는

세심하게 준비한 자에게만 주어지는 선물이다.

쉽게 자유롭지 못한 이유이다.

어느 날 아침 눈을 떴을 때

자유로울 수는 없는 일이다.

363

생각 연습

자유는

시골 노인의 소박하고 주름진 얼굴과

도시 골목 너머 소년의 가슴까지

모두가 가지는 '생각의 힘'으로 완성되는 것이다.

압제자 몇 사람 제거되었다고 자유롭다 착각하면 곤란하다.

독재를 벗어나면 가난이 드러난다.

자유는 비슷해졌는데 가진 것이 다르기 때문이다.

364

채비 연습

집 떠나면 고생이다.

좀 덜 고생하려면

과하면 안 되겠지만 조금은 준비해야 한다.

고생하느라 경치 볼 시간이 없기 때문이다.

두려움은 대부분 준비 부족에 기인한다.

새로운 곳을 항해하려면

어느 정도 인고의 준비가 필요하다.

365

자격 연습

얼마나 행복을 누릴 만한지는

타인을 얼마나 행복하게 해주는지로 결정된다.

366

아우름 연습

사람들과 교제에 능숙해지려면

그들의 생각에 맞추어야 한다.

탁월한 자에게는 곤란한 일이지만

위대한 자에게는 즐거운 일이다.

367

식별 연습

사람이 정의를 말하는 것은

어울리지 않는다.

신이 들으면 웃을 일이다.

주의하지 않으면 정의는 행복의 적이다.

368

결의 연습

정의는

사람을 행복하게 하는 데 실패했다.

의지가 다른 영역에 있기 때문이다.

이는 지식이 '삶에 무력한' 이유와 같다.

모든 가치가 의미를 가지려면 '의지의 문'을 통과해야 한다.

369

외면 연습

정의에 대해서는

다소 모른 척해야 한다.

너무 아는 척하면 다수가 반발한다.

370

목적 연습

정의는

자기를 정의롭게 하는 데 사용되는 것이 아니라

주로, 남이 정의로운지 감시하는 데 사용된다.

한 번 정의롭게 행동했다고 정의로운 것은 아니다.

남이 보고 있었을지 모른다.

우리 시대 정의의 목적은 행복이 아니다.

정의가 진리에서 멀어진 이유이다.

371

유효기간 연장 연습

정의의 유효 기간은

그리 길지 않다.

보통 자기가 약자로 있을 때로 제한된다.

강자가 되면 행복하지 않은 이유이다.

372

근원 인식 연습

정의는

원래 선이었는데

선을 위해 악을 행하다

악이 되어 버렸다.

373

경계 연습

헌법은 정의를 보장한다.

그 외는 아니다.

경계는 행복의 조건이다.

374

분노 연습

정의는

힘 있는 자 옆에서

약자를 비웃고 있다.

어느 철학자의 예지처럼

이제 남은 것은 '냉철한 분노'밖에 없다.

싸우지 않는 것은 최선일 때도 있지만 최악일 때도 있다.

375

징벌 연습

불한당도 용서받으려면 한참이 걸린다.

잘못된 정의는 말할 것도 없다.

극형이 최선이다.

불의는 행복을 무너뜨린다.

376

불손 연습

악한 자에게

착하고 고분고분한 사람은

여러모로 중요하고 쓸모가 있다.

377

기개 연습

악용된 도덕의 역할은

사람들을 겁쟁이로 만드는 것이다.

겁쟁이 도덕주의자는 행복하기 어렵다.

378

공격 연습

멋진 갑옷만으로는

싸움에서 이길 수 없다.

칼과 창도 있어야 한다.

379

비범 연습

도덕의 명분은

'모두를 위해서'이다.

그런데 실제로 그런 일은 별로 없다.

탁월해지면 도덕에서 빠져나가려 하기 때문이다.

380
자태 연습

하루아침에 깨달은 자의 특징은

그것이 하루밖에 가지 않는다는 것이다.

오랜 철학자가 겉보기에도 다른 이유이다.

얼굴과 몸짓에 나타난다.

행복은 오랜 흔적이다.

381
삼감 연습

머리가 뛰어나고 일찍 성공한 자는

도덕을 배울 필요도 시간도 부족했던

도덕적 풋내기인 경우가 많다.

스스로 경계하고 조심할 일이다.

지능과 기억력으로만 평가되지 않는

공평한 세상을 기다린다.

382

온화함 연습

선함은
연습과 노력으로 탄생한다.
따뜻한 마음은
어린 시절 많은 부분 결정된다.

383

정결 연습

행복을 주는 비밀의 책도
오래 묵으면 퀴퀴한 냄새가 난다.
매일 닦아 주어야 한다.

384

실제 달라지는 연습

도덕을 가르치라 했더니

암기력만 가르친다.

시험이 끝나면 잊힐 것이다.

385

행복을 배우는 연습

교육자는

성공하는 법을 가르치는 자가 아니라

행복을 가르치는 자여야 한다.

성공했다 남들은 축하해 주는데 무언가 석연찮다.

행복을 배운 적이 없기 때문이다.

386

기억 연습

기억력은 며칠을 넘기기 어렵다.

깨달음도 행복도 마찬가지.

387

합당함 연습

국가 권력은

평등을 가장하여

평등을 해치는 공인기관이다.

그에 합당하게 대우하는 것이 좋다.

잘못하면 행복을 빼앗긴다.

388

기원(起源) 연습

각 개인이 공평을 행하지 않는데

국가가 그럴 리 없다.

남 탓할 것 없다.

행복한 세상은 국가와 무관하다.

389

구충 연습

국가 권력에 기생하는

파렴치한 기득권층을 몰아내는 것이

행복한 세상을 위한

중요한 걸음이다.

390

일임(一任) 연습

주인과 하인은

실질적 힘으로 결정된다.

사람도 별수 없다.

행복하려면

형편없는 자들에게 힘을 주어서는 안 된다.

391

불신 연습

모든 권력을 믿지 말라.

의심하고 감시하여

이용당하지 않도록 항상 조심하라.

392

분별 연습

국가 권력은

평등을 제공하는 듯하지만

교묘히 불평등을 정당화시킨다.

사람이 그 일을 하기 때문이다.

충성과 희생이 파렴치한 자에게 득이 돼선 곤란하다.

393

자리 낮추기 연습

힘있는 자를 부러워할 것 없다.

자리 유지하기 급급한 모습은

별로 다를 바 없다.

힘의 크기는 자리의 높이와 비례한다.

너무 높아지면 행복은 오를 수 없다.

394

우울 치료 연습

성공의 자리 근처에는

음울함이 먼저 눈에 들어온다.

혼자의 것이어야 하기 때문이다.

나누면 성공에 실패하겠지만 행복해진다.

우울의 원인은 욕심이다.

395

복원 연습

남보다 큰 힘을 가지려는 생각이

벌써 사람을 망가뜨린다.

396

손익 연습

힘은

주는 만큼

그대로 빼앗아 간다.

행복이 힘과 무관한 이유이다.

397

점등 연습

즐거움은

같이 해 줄 사람이 있어야 가능하다.

어두운 방에 불을 켜면 안 보이던 것이 보이듯

친구는 항상 어디에나 있다.

398

담력 연습

억압을

가능하게 하는 것은

단지 사람들의 두려움이다.

두려워하지만 않으면 대부분 꼬리를 내린다.

399

깨어남 연습

권위와 힘이 사기라는 것은

너무 유명해서 모두 다 알고 있다.

그런데 자기가 그것을 가지게 되면

일부러 모르는 척 최면을 건다.

400

평범 연습

특별한 자는

특별히 나쁜 자와 같은 말이다.

자기를 특별한 자로 여기지 말라.

401

회복 연습

타인보다 우위에 서려는 생각은

보통, 어릴 때는 갖지 않는다.

어른들이 모든 것을 망쳐 놓는다.

402

자존감 연습

자존감은

적어도 문제지만 많은 것도 문제이다.

화를 낼 일이 많아지기 때문이다.

행복이 제일 먼저 도망간다.

403

공유 연습

과도한 부는

태생 상, 윤리적일 수 없다.

선한 자가 부를 공유하는 이유이다.

행복의 조건이다.

404

증여 연습

부는

자기가 누리는 것으로 충분하다.

그 이상은 욕심이다.

득보다 실이 많기 때문이다.

405

부자 연습

행복을 위해 부자가 되려는 노력은

어느 정도까지는 선이 악을 앞선다.

그 이상이면 반대다.

406

바라지 않는 연습

명예는

자기 것을 아무 대가 없이 제공해야 얻을 수 있다.

인기와 명예를 혼동 말라.

행복의 조건이다.

407

자족 연습

명예는

업적과 무관하다.

오랫동안 성실하게 용기 있게 살았다면

누가 그것을 알아보지 못해도

명예롭게 눈을 감아라.

408

쌓기 연습

명예는

어느 날 아침 갑자기 결코 얻을 수 없으니 착각 말라.

명예로울 기회를 놓친다.

409

명예 연습

명예를 위해 살지 말고

명예롭게 살라.

명예를 위해 살면 사람들에게 인정받을 것이고

명예롭게 살면 자신에게 인정받을 것이다.

410

의욕 연습

신은

우리 의지로 할 수 있는 만큼만 돕는다.

그 외는 그도 어쩔 수 없다.

결국, 의지가 신이며 행복의 열쇠이다.

411

역할 연습

신의 일은 신이 해야 하고

사람의 일은 사람이 해야 한다.

작은 일로 신을 너무 바쁘게 하지 말라.

행복은 사람의 일이다.

412

자격 연습

신은

실망시키지 않았다.

비겁하지 않게 무엇이든 하려는

용기를 주었기 때문이다.

이것으로 우리는 이미 행복할 자격을 가졌다.

413

자기 발견 연습

사람은

불완전하고 실수투성이이다.

스스로 고치거나 신의 은총을 구하면 된다.

그런데 신은 이미 많은 것을 주어서

기억해 낸다면 신에게 손을 내밀지 않을 것이다.

행복은 신의 일이 아니다.

414

개별의지 연습

사람의 자유의지도 신의 의도이다.

자꾸 그에게 맡기고 의지(依支)하라 함은

그가 한 말이 아니라

사제들이 실수로 한 말일 것이다.

415

독립 연습

신의 관심은

우주 전체의 행복이다.

인간의 행복은

그의 그렇게 큰 관심사는 아니다.

자립 연습

사람을 모두 돌보려면

그 수 만큼 신이 필요할 것이다.

사람의 행복이 너무 많아

어쩌면 실제로 그럴지도 모른다.

인간다움 연습

신이 원하는 것은

우리가 소박하고 단정하게 살다가 죽는 것이다.

그것뿐이다.

너무 애쓸 것 없다.

418

배신하지 않는 연습

사람은

앞에서 신을 찾고

뒤에서 배신한다.

오래전부터 익숙한 장면이다.

신도 그렇게 행복하지는 않을 것이다.

419

만족 연습

태어남, 늙음, 병듦, 죽음,

하늘, 땅, 산, 물, 공기, 바다, 별, 달, 우주, 봄, 가을,

눈, 귀, 코, 혀, 심장, 손, 발,

사랑, 우정, 용기, 자유, 의지, 선함.

신이 공평한 곳이다.

이 정도면 충분하지 않은가?

420

인지 연습

지금도 그런지는 모르겠으나

처음 만들었을 때

신은

사람을 사랑했었음은 틀림없다.

행복할 자격을 주었기 때문이다.

421

용기 연습

악은

선한 자의

비겁에 기인한다.

422

선악 연습

신은 선악을 모르게 하려고 했다.

선악은 인간의 일이다.

그래서 악한 자를 벌주는 것도 인간의 일이다.

423

용서 연습

악을 용서하는 것은

신이 아니라 사람이다.

만일 악한 자가 신에게 용서를 구해 마음 편해진다면

신은 악마와 다를 바 없다.

424

굳셈 연습

신은

강자도 약자도 아닌

강해지려 의지하는 자를 돕는다.

행복의 조건이다.

425

염치 연습

우리는 이웃의 슬픔에 무관심하면서

신에게만 우리 슬픔에 관심을 가져달라는 것은

참으로 염치없는 일이다.

426

사람의 행복 연습

신은 사람을 창조했고

사람도 신을 마음대로 창조했다.

이미 반신반인(半神半人)이다.

신의 검으로도 나누어지지 않는다.

모두가 혼돈 속에서 신과 인간을 연극한다.

그를 신으로 돌려놓아야 하고

우리는 인간으로 돌아와야 한다.

사람은 사람의 행복으로 충분하다.

427

부족한 것에 대한 수긍 연습

만일 신이 완전했다면

사람을 이렇게 불완전하게 창조하지는 않았을 것이다.

불완전해도 행복할 수 있는 이유이다.

428

평상심 연습

신의 평정은 태생적이고

사람의 평정은 노력으로 이루는 것이니

만일 그것이 가능하다면

우리는 신보다 뛰어난 것이다.

429

구제 연습

신은 피조물 모두를 위한 세상을 원했고

그것을 사람이 만들도록 설계했다.

세상을 구원하는 것은

신이 아니라 인간이다.

430

길을 찾는 연습

숲속에서 길을 잃지 않기 위해서는

두려워하지 말고

숲에 익숙해지고 친밀해져야 한다.

그러면 숲이 스스로 길을 안내할 것이다.

멈추어 천천히 보라.

431

자기 창조 연습

어제의 우리도

내일 있을 우리도

오늘 우리의 의지가 결정한다.

묶음 연습

물에 그림자가 빠져도 옷은 젖지 않는다.

하루하루는 모두

바람 속에 저장되었다가

어느 봄날 오후

그대로 돌려줄 것이다.

투덜대는 하루하루가 모인 것이 행복이다.

속도 맞춤 연습

자신이 앞서 있으면

걸음을 멈추라.

너무 앞서가면 길을 잃고 헤매다 추락할 것이다.

434

비슷함 연습

초라함, 슬픔 그리고 즐거움, 명예로움.

모두 때때로의 일이다.

열등한 것도 탁월한 것도 없다.

435

발견 연습

달을 물 속에서 아무리 건져도 소용 없고

거울을 손으로 아무리 더듬어도 소용 없으며

행복을 밖에서 아무리 찾아도 소용 없다.

436

동류 연습

사람에 우열은 없다.

있다면

두 그루 소나무 차이 같은 것이다.

437

무중력 연습

중력이 작용하지 않으면

무게는 의미를 잃는다.

행복 또한 무엇에도 얽매이지 않는 것이라서

가진 것은 그 의미를 잃는다.

438

조색(調色) 연습

자신의 색이 뚜렷하면

평정 속에서 자유롭기 어렵다.

자신이 너무 드러나기 때문이다.

439

선함 연습

오래된 바람이 기억하는 것은

그가 강자인지 약자인지가 아니라

그의 선한 미소이다.

440

결행 연습

행복이 모습을 드러내는 것은

용기를 내어

무언가 시도할 때이다.

441

가린 것을 거두는 연습

모든 것을 수용하는

행복은 항상 밝다.

햇빛을 가릴 것이

더는 없기 때문이다.

442

무념 연습

무(無)는

있음의 대립체가 아니라

있음과 없음에 무심할 때 나타나는

새로운 중간체이다.

행복의 조건이다.

443

회귀(回歸) 연습

원인과 결과의

끝없는 쳇바퀴를 볼 수 있으면

초조함에서 벗어나

조금 행복할 수 있다.

444

문제 풀이 연습

해답을 찾기 위한 첫걸음은
틀림을 인정하고 그것을 제외하는 것이다.
그러면 어디선가 답이 보인다.

445

실재 연습

'산은 산이고 물은 물이다.'
있는 그대로 보지 않으면
장님의 붉은 장미처럼
진실에서 벗어날 것이다.
쓸모없는 상상은 하지 말라.
행복의 조건이다.

446

온화함 연습

진실은 따뜻하다.

누군가의 말이 차갑다면 그것은 진실이 아니다.

정다움이 행복을 준다.

447

역경 연습

깨끗한 그릇은

그것을 씻기 위한 더러움을 각오해야 하며

고귀하고 안락한 모습은

비천하고 힘에 겨운 자신을 각오해야 한다.

448

진화 연습

감정도 의견도 철학도 변한다.
같은 생각을 고집하는 자는
곧 독선적 바보가 될 것이다.
어제의 행복은 오늘과 상관없다.

449

벗어남 연습

대지 위에서
자유롭게 거닐고 있다고 생각하지만
바로 그 대지가 그대를 가두고 있다.

450

대상 창조 연습

다정한 친구, 존경스런 스승, 고마운 부모,

사랑스런 아이, 정다운 사람, 선한 이웃,

설렘의 찻잔, 부드러운 비, 즐거운 바람.

수식이 붙은 존재는 당신이 직접 만든 것이다.

당신 또한 누군가에 의해 새롭게 만들어 질 것이다.

삶은 놀라운 창조의 연속이다.

신이 가진 행복이다.

451

자각 연습

우리는 본래 붉은 고깃덩어리이다.

보고 듣고 말하고 생각하고 행동한다면

무엇 하나 더 바랄 것 없는 경이로운 일이다.

나머지 차이는 별것 아니다.

죽음을 앞둔 사람은 그 행복을 잘 알고 있다.

452

수수함 연습

우리 일 대부분은

'그럴듯한 나'를 위한 것이다.

그냥 '소박한 나'를 원한다면

세상은 그렇게 힘들지 않을 것이다.

453

눈사람 연습

행복을 위한 진리는

하루아침 깨달음으로 얻어지는 것이 아니라

하나씩 행함에 의해 눈사람처럼 쌓아가는 것이다.

눈사람이 커질수록 더 많은 것을 수용할 수 있게 된다.

454

납득 연습

여름 산을 겨우 아는 자에게
하얀 눈꽃을 머금은 설산을 이야기하면
당신을 비웃을 것이다.

455

무익 연습

행복은

비록 하나도 유익하지 않아도

함께하면 즐거운

친구 같다.

456

개별 행복 연습

내게 옳아도 그에게는 아니고

내게 아름다워도 그에게는 아니다.

행복은

개별 세상이다.

457

무난함 연습

행복에 접근한 자의 특징은

특별한 것이 없다는 것이다,

이로써 자신의 행복 상태를 가늠할 수 있다.

458

작은 자존 연습

내가 먹은 사과 맛이 시큼하다고
모든 사과 맛이 그렇다고 하는 것은
웃을 일이다.
그런데 자기 생각에 대해서는
그렇게 한다.
사람이 행복하지 않은 이유이다.

459

작은 오만 연습

행복에 도달할 수는 있다.
그러나 그곳에 머물기는 힘들다.
오만 때문이다.

460

책을 덮는 연습

행복에 도달하는 유일한 길은

내가 선택하는 '나만의 길'뿐이다.

너무 많은 남의 지식과 철학은 미로에 빠뜨리니

그것이 지식으로 느껴지면 읽던 책은 덮는 것이 좋다.

461

기백 연습

한 번의 용기는 누구나 가능하다.

그러나 열 번의 용기는 머리 숙이게 한다.

462

지성 파괴 연습

위대한 철학을 부수고 또 부순다.

그리고 자신의 철학도 부순다.

행복의 철학이다.

463

평온 연습

행복은 정신의 편안함이다.

옳음, 선함, 아름다움을 갖추었기 때문이다.

게으름의 육체적 거짓 편안함을

행복으로 착각하면 곤란하다.

464

묵언 연습

깨달음에 도달한 느낌이 들면

이때가 가장 위험하다.

자신 있게 '거짓'을 말하고 다니기 때문이다.

절제된 침묵은 언제나 중요하다.

465

나를 바꾸는 연습

진리가 세상을 직접 변화시키지는 않는다.

진리는 사람을 변화시키고

사람이 세상을 변화시킨다.

나를 바꾸지 않으면 세상은 절대 변하지 않는다.

진리를 아무리 알아봐야 행복에 별 소용없다.

466

동굴 탈출 연습

행복은 경쾌함과 밝음이다.

주인 없는 황금으로 가득한 어두운 동굴에서

정체 모를 그림자와 다투다 보면

동굴 밖 연녹색 세상에 눈 돌릴 틈이 없다.

467

순서 연습

행복에 먼저 도달하여 행복하게 사나

행복을 추구하여 마지막에 행복하나

결국 마찬가지이다.

468

소설 주인공 연습

인생은 우연성을 기초로 한다.

그러므로 모두의 삶은 감동스러운 소설이 된다.

신이 바라는 바이다.

469

사소한 연습

행복에 도달하는 법은 아주 시시하다.

하루하루 모두 다 알고 있는 선함을 행하면

어느새 그곳에 도착해 있다.

470

지혜 연습

백척간두에서 발을 내딛는 것 같이

어려운 관문을 내걸고 지혜를 가늠한다면

위대한 선인(先人)은 웃음을 참지 못할 것이다.

지혜로운 자를 신통술 부리는 도인쯤으로 생각하는 것은

흥에 겨운 술꾼의 뒷이야기일 뿐이다.

지혜를 향한 관문이나 시험 따위는 없다.

한 걸음 한 걸음으로 세상을 진동시키고

그 걸음으로 세상이 행복하도록 진중하게 나아갈 뿐이다.

지혜에 도달하기 위해 용기도 필요하지만

더 필요한 것은 백척간두까지 오르는 걸음이다.

471

자유 연습

그 일이 자유로운가를 생각하지 말고

그 일이 나에게 자유를 주는가를 숙고하라.

472

손익 계산 연습

평등은

당장 누군가에는 손해일 수 있지만

한 세대만 지나면

모두에게 이익이다.

473

우정 연습

행복하려면

같이 즐거워해 줄 사람이 필요하다.

평등이 행복의 조건인 이유이다.

474

통합 생명 연습

행복을 사람으로 제한하면

그것은 신과 관계없는

사람의 일이 된다.

475

무차별 연습

작은 차이를 인정하면 불평등을 인정하는 셈이다.

저항이 있어도 양보는 안 된다.

모두가 행복하기 위한 길이다.

힘 있는 자의 선심 쓰는 듯한 평등은 필요 없다.

476

공평 노동 연습

너 열심히 일한 자가 더 많이 가져야

공평하고 행복하다.

이것마저 부정되면

세상은 후퇴한다.

그렇지 않다면 모두 나서라.

477

자기 정체 연습

물은

독사가 먹으면 독이 되고

소가 먹으면 우유가 된다.

평등을 독으로 해석하는지 우유로 해석하는지는

그 사람의 정체를 드러낸다.

평등은 자유에 이어 제2의 행복 조건이다.

그것을 폄하해 봐야 자신의 무지만 드러낼 뿐이다.

478

더 인간적인 연습

평등은 분명, 약자의 허영이지만

불평등 또한 분명, 강자의 허영이다.

행복을 위해

강자가 허영을 버리는 것이

조금 더 인간적이다.

479

내실 연습

허영심은 원래 있지도 않은 상류 계층을 만든다.

그것을 이용한 장사가 잘 되는 이유이다.

하지만 허세는 행복과 거리가 멀다.

스스로 부끄럽기 때문이다.

480

존경 연습

존경할 만한 이는

자신의 권리를 먼저 양보한 사람이고

이를 간파한 이는

그에게 자기 권리를 양보한다.

존경할 만한 이가 많을수록 행복한 세상에 가깝다.

481

어른 연습

아이들은

모든 것을 공평하게 보고 생각하는데

어른이 교육하는 것은

불평등을 야기하는 이기심뿐이다.

아이들이 어른이 되면서 행복하지 않은 이유이다.

482

후퇴 연습

강한 신념을 가진 자는

타인의 생각을 잘 수용하지 못한다.

그런데 그 신념이 타인을 위한 것이라면 우스운 이야기다.

너무 신념이 강한 자가 행복하지 않은 이유이다.

483

악마의 꿈 연습

오늘 저녁 잔칫상을 위해 점심을 거를 수는 있다.

하지만 언제 있을지 모르는 잔칫상을 위해

계속 굶을 수는 없는 일이다.

행복을 위한 꿈은

그것이 너무 멀리 있으면

악마의 꿈이다.

484

더 수월한 연습

자유의 실현은 험난하다.

내 마음대로 되는 것이 아니다.

평등의 실현은 평탄하다.

누구나 마음먹으면 당장 가능하다.

행복이 평등으로 더 쉽게 다가서는 이유이다.

485

자존감 연습

강자도 약자도 자존감은 동일하다.

이 사실은 약자, 강자 모두를 위한 일이다.

다투지 않기 위한 일반 상식이다.

그런데 자존감을 따지기 시작하면

누구도 행복하지 않다.

486

공평 연습

행복을 위한 공평은

'과도한 차이 없이 비슷하게'이다.

길 가던 세 사람이 우연히 황금을 발견하면

모두 행복하기는 어렵다.

비슷하게 나누는 것을 누군가는 불평하기 때문이다.

487

권리 연습

신은

사람의 행복을 위해

평등은 아니지만 '평등할 자격'은 주었다.

신의 선물을 썩은 상자에 묵혀둘 필요 없다.

그것을 위해서는 불구덩이도 헤쳐갈 만하다.

488

동질감 연습

평등과 동정은 적대 관계이다.

동정심은 자신의 우위를 전제로 하기 때문이다.

행복을 위한 평등은 동질감이다.

489

배우고 익히는 연습

사람은

기회만 되면 공평에 등을 돌릴 준비가 되어 있다.

그것도 마치 복수심에 불타는 것처럼.

타인의 행복 따위는 안중에도 없다.

그러다 결국 자신도 불행해진다.

그 이유도 알지 못한 채.

행복은 배우고 익히는 자의 것이다.

490

냉철함 연습

용기를 가지려면 두려워하지 말아야 하고

두려워하지 않기 위해서는 분노해야 하며

분노하여 고귀한 결과를 얻으려면 냉철해야 한다.

491

비슷함 연습

서로 달라지려 하면

득실을 따지기 시작한다.

서로 비슷해지려 하면

득실은 더는 의미가 없어진다.

고통과 다툼의 근원은

내가 남과 다르다고 생각하는 것이다.

492

가장하지 않는 연습

서로 같음은 가장되어서는 안 된다.

위선은 삶을 절망케 하리니

거짓 같음에 만족하고 인내해서는 안 된다.

어느새 행복도 가장하기 때문이다.

493

함께하는 연습

자유를 찾아 너무 혼자 나아가지 말라.

혼자 자유로운 건

오히려 슬픈 일이다.

494

선함 연습

아무것도 바라지 않고

선함의 불빛을 발하는 자들이

지금도, 아무도 모르게

실제 세상을 다스리고 있다.

495

결의 연습

누군가에 평등을 맡기느니

신에게 목숨을 맡겨라.

절대 양보할 수 없는 것도 있는 법이다.

496

용서 연습

용서하라.

한(恨)이 있는 한 그들에게 상좌(上座)를 내주는 것.

한(恨)은 눈물로 사람을 미약하게 하고 침착함을 방해하니

냉철히 용서하여 그들의 상좌를 깨뜨리려.

497

필연 연습

행복은 그것을 필연으로 만드는 자에게만 허락된다.

행복할 수밖에 없는 필연을 매일 조금씩 준비하라.

498

타인 지향 연습

행복한 자는 자유롭지 않은 자들이니

자신의 자유를 희생하기 때문이다.

아무 바람(願) 없이 자기 삶을 타인을 위해 지향한다.

499

점잖지 않음 연습

자기 혼자 손해 보고 말겠다는

'점잖은 무관심'이

모두의 행복을 무너뜨린다.

500

복종 연습

타인을 복종시키는 것

타인에게 복종하는 것

모두 신을 거역하는 일이다.

501

경작 연습

자신 속에 감춰져 있는 행복의 씨를 뿌리고

쓰러져 죽을 때까지 열심히 경작하라.

502

부자유 연습

부자유를 선택하는 자유

이것이 사람의 실질적 자유이니

자유는 항상 수고로운 현재를 선사한다.

행복한 자가 한가롭지 않은 이유이다.

503

행복한 목표 연습

행복한 인생 목표는

재력·권력·명예 같이

타인과 경쟁하는 '차갑고 무거운 것'이 아니라

평등·자유·정의·사랑·평화·탐구·탐험·나눔 같이

스스로 만드는 '따뜻하고 가벼운 것'이다.

504

힘찬 의지 연습

염려와 불안 속에 퇴락하지 않으려면

상식과 잡담에 의해 지배받지 않으려면

자신의 두 발로 대지 위에 우뚝 서야 한다.

505

너른 산책 연습

대자연 속 정원을 거니는 자에게

대부장자의 정원은 초라한 법이다.

506

저항 연습

'다수'라는 이름의 폭력은

자기 자신을 검열하게 하며

도덕적 용기조차 희생시킨다.

우매한 다수가 행복을 망치지 않도록 경계하라.

507

작은 탁월함 연습

행복한 목표는 지금 바로 가능한 것일수록 좋다.

과시하지 않아도 빛나는

작은 탁월함 하나가 행복을 줄 것이다.

508

지성 연습

선하지만 진리를 알지 못하면
그것이 다름 아닌 어리석음이다.
어리석으면 행복도 어리석다.

509

목표 수정 연습

유약한 사람은
타락한 세상이 알려준 삶의 목표를 바라보면서
은밀한 욕망을 키우고 몸부림치며
또 좌절할 것이다.

510

인지 연습

좋아하되

그 사람의 악함을 알며

싫어하되

그 사람의 선함을 알라.

511

올바름 연습

마음이 올바르지 않으면, 배워도 올바르지 못하다.

올바른 마음과 올바른 목표를 가지면

시키지 않아도 스스로

올바른 인생을 위한 노력을 시작할 것이다.

무엇보다 먼저 해야 하는 행복 교육이다.

512

독립 연습

주인을 따르는 개는

행복을 요구할 수 없다.

513

거부 연습

술에 취해 비틀거리는

무력한 '사치 사회'를 단호히 거부하라.

술에 취하면 행복도 비틀거린다.

514

활용 연습

국가의 역할은 힘의 균형을 맞추는 것이다.

국가가 나를 보호해 주기를 바라지 말고

그렇게 하지 않을 수 없도록 국가를 강제하라.

국가는 힘 있는 자의 편이다.

행복을 위해 국가를 최대로 이용하라.

515

달관하지 않는 연습

마치, 세상 달관한 듯 '세상 뭐 있나?'며

멍청히 살아서는 안 된다.

정말로 멍청해지기 때문이다.

516

성공하지 않는 연습

성공하려고 노력하는 이유가

불평등적 특권을 얻기 위함은 아닌가?

대단하다고 생각하겠지만 사람들은 우습다고 생각한다.

성공해도 행복할 수 없을 것이다.

517

교만하지 않는 연습

사람은 교만해지기 위해

삶의 모든 것을 바쳐 노력한다.

고독히 비참해지기 위해.

518

부자가 되지 않는 연습

부자는 돈이 많다는 것,

그것뿐이다.

519

자기 궤적 연습

명예는 '삶의 방향'을 제시하는 것이다.

모방하지 말고 자신만의 명예를 만들라.

방향만 결정하면

평범한 삶도 명예로움으로 가득하다.

자신의 궤적을 두려움 없이

자긍심으로 선택하는 것,

이것이 행복으로 가는 소탈한 길이다.

520

결정 연습

죽음이 나를 결정하는 것이 아니라

내가 죽음을 결정하도록 차분히 준비하는 것이 좋다.

마지막 행복을 위해.

521

행복한 죽음 연습

죽음까지가 우리의 삶이다.

삶이 행복하면 죽음도 행복하다.

친구도 못 만나고, 밥도 못 먹고, 잠도 안 자고

세상을 얻으려 하지만

남는 것은 아무것도 없다.

죽음을 위해

삶을 더욱 행복하게 하라.

522

무아 연습

죽음은

자기를 떠올리지 못하는 상태이다.

죽음의 준비는 '자기를 떠올리지 않는 연습'이다.

의외로 편안하고 행복할 수도 있다.

523

마중 연습

죽음은

두려운 악마가 아니라

우리를 구원하는 천사이다.

두려워해야 할 것은

삶의 격렬한 고통과 허무이다.

죽음이 있으니 너무 두려워할 것 없다.

죽음이 있어 천만다행이다.

524
기억 만들기 연습

기억을 기억하면 삶이고

그렇지 못하면 죽음이다.

육체를 내어주더라도

기억을 가지고 저 멀리 달려가면

죽음이 쫓아올 수 없을지 모른다.

죽음에 떳떳이 맞설 수 있는

뚜렷한 기억을 갖도록 생을 만들라.

죽을 때 무엇을 기억하겠는가?

나이만큼의 장면은 기억하겠는가?

죽음의 순간에도 행복할 기억을 지금 만들라.

525

몰두 연습

죽음을 두려워하기 시작하면 이미 죽음 상태이다.

우리 불안의 기원은 대부분 죽음이다.

죽음의 순간까지

평정심을 잃지 않도록 연습이 필요하다.

결국, 삶에 집중해야 한다.

죽는 날, 죽기 직전까지 삶에 집중하면 된다.

밭을 일구다가, 밥을 짓다가, 글을 쓰다가

그렇게 죽음을 맞도록 준비하라.

죽음이 삶에 파고들지 못하도록.

죽을 때까지 행복하도록.

526

마음 먹기 연습

삶 같은 죽음을 맞을지

죽음 같은 삶을 살지는

마음 한번 먹기에 달렸다.

어차피 죽는데 마지막 용기를 내라.

527

궁극의 연습

죽어도

아무것도 달라지는 것이 없다는 것은 절망케 한다.

하지만 그 반대일 수도 있다.

죽음이

사랑하는 이의 행복을 깨뜨리지 않도록

인생 마지막 행복의 여정을 준비하라.

528
둘러매는 연습

죽음이 두려워 정신없이 도망치다 다치기도 하지만

사실, 어둠 속 죽은 나무와 같이 그는 아무것도 하지 않는다.

만일 죽음의 두려움이

사랑하는 사람과 나누는 즐거움의 단절이라면

우리가 해야 할 일은

조금이라도 더 즐거움을 만들고

그것을 죽음과 함께 가지고 가는 것이다.

편안한 목표는

삶의 근처에 죽음이 맴돌지 못하게 할 것이다.

죽음의 순간까지 행복하라.

529

완결 연습

죽음은

삶을 파괴하는 것이 아니라

삶을 시간 내 완성토록 도와준다.

뜨거운 일상

생의 한가운데에서

죽음으로 아무것도 잃지 않도록

삶을 마무리하라.

530

행복감 연습

그대, 슬플 때도 있지만

그래도 조금은 행복하지 않은가?

행복하고 싶은 사람에게

행복한 나, 행복한 꿈, 행복한 삶

행복
연습

행복은 배우고 익히는 것
매일 조금씩 연습하면 된다.
행복은 조금씩 다가가는 것
매일 조금만 행복하면 된다.

행복연습 행복하고 싶은 사람에게

1판1쇄 ‖ 2018년 1월 1일
지은이 ‖ 김주호
펴낸이 ‖ 이현준
펴낸곳 ‖ 자유정신사
등록 ‖ 제251-2012-40호
주소 ‖ 경기도 성남시 판교역로 145
　　　www.bookfs.co.kr
전화 ‖ 031-704-1006
팩스 ‖ 031-935-0520
이메일 ‖ bookfs@bookfs.co.kr

ISBN 978-89-98392-08-6 03100

이 도서의 국립중앙도서관 출판예정도서목록(CIP)은 서지정보유통지원시스템 홈페이지
(http://seoji.nl.go.kr)와 국가자료공동목록시스템(http://www.nl.go.kr/kolisnet)에서
이용하실 수 있습니다.(CIP제어번호: CIP2017033899)